Gwen Steege

Baby-Decken

Die schönsten Strickmuster

Weltbild

Titel der Originalausgabe
Knit Baby Blankets
Zuerst veröffentlicht 2003 in den USA von Storey Publishing, LLC

Deutsche Erstausgabe

Redaktion: Gwen Steege, Masha Zager, Karen Levy
Layout und Design: Susi Oberhelman
Lektorat: Jennifer Jepson Smith, Eileen M. Clawson
Umschlagfoto: Ross Whitaker
Fotografien im Innenteil: Zeva Oelbaum
Illustrationen: Alison Kolesar

Koordination und Bearbeitung der deutschen Ausgabe:
Maasburg GmbH, München

Übertragung ins Deutsche: Veronika Maasburg, München
Redaktion: Helene Weinold-Leipold, Aystetten

Gesamtherstellung: Offizin Andersen Nexö Leipzig GmbH,
Spenglerallee 26-30, 04442 Zwickau

Printed in Germany

ISBN 3-8289-2457-3

Wichtiger Hinweis

Alle Informationen und Hinweise, die in diesem Buch enthalten sind, wurden vom Autor nach bestem Wissen erarbeitet und von ihm und dem Verlag mit größtmöglicher Sorgfalt überprüft. Unter Berücksichtigung des Produkthaftungsrechts müssen wir allerdings darauf hinweisen, dass inhaltliche Fehler oder Auslassungen nicht völlig auszuschließen sind. Für etwaige fehlerhafte Angaben können Autor, Verlag und Verlagsmitarbeiter keinerlei Verpflichtung und Haftung übernehmen.

Inhalt

Gut zugedeckt

Gibt es einen rührenderen Anblick als ein friedlich in seiner Wiege oder seinem Wagen schlafendes Baby unter einer warmen, fest eingesteckten Decke? Babys ziehen freundliche Kommentare und bewundernde Blicke geradezu magnetisch an, sogar von wildfremden Passanten.

In diesem Buch finden Sie eine Auswahl an Strickanleitungen für Babydecken klassische und innovative – darunter im Nu gestrickte Modelle für Anfänger oder Eilige ebenso wie anspruchsvollere Decken mit mehrfarbigen oder plastischen Mustern für erfahrene Strickerinnen, die ein echtes Familienerbstück für die Babys mehrerer Generationen schaffen wollen.

Richtig pflegen

Wenn Ihre Babydecke als Geschenk gedacht ist, ist es sinnvoll, die Pflegeanleitung mitzugeben. Den Eltern ist ja vielleicht auch der Hinweis nützlich, dass beim Waschen der Decke auf gründliches Ausspülen aller Waschmittelreste zu achten ist, weil diese die empfindliche Babyhaut reizen und die Fasern glanzlos machen können. Und wenn Flecken die jungen Eltern zur Verzweiflung bringen, hilft eventuell der Tipp, die Decke sofort in kaltem Wasser einzuweichen, solange der Fleck noch frisch ist, und sie dann wie gewohnt zu waschen.

Babydecken sind ideal zum Ausprobieren von Mustern, die auf den ersten Blick vielleicht anspruchsvoll erscheinen, denn die meisten Modelle sind relativ klein und erfordern – anders als gestrickte Kleidungsstücke – keinerlei Formgebung durch Zu- und Abnahmen. Einige der hier vorgestellten Modelle werden aus Einzelteilen zusammengenäht, die Sie unterwegs im Wartezimmer oder auf Bahnfahrten stricken können. Probieren Sie nach Herzenslust neue Garne und Stricktechniken aus. Ihre Babydecke wird mit Sicherheit ein geliebter Gebrauchsgegenstand, der jahrelang täglich an Sie erinnert.

Und bei der einen Decke wird es sicher nicht bleiben. Jedes Baby braucht eine kuschelige Decke, entweder als wärmende Wagen- und Schlafdecke oder als unentbehrliche Schmusedecke, die es überallhin begleitet. Egal, ob Sie ein Baby nach dem Bad in eine leichte Kuscheldecke einwickeln oder es unter einer dicken, warmen Walkdecke im Kinderwagen für einen Winterspaziergang verstauen – Sie werden an jeder gestrickten Babydecke Ihre Freude haben. Und: Babydecken sind herrlich praktische und hochwillkommene Geschenke zur Begrüßung eines Neugeborenen!

Die Wahl des Garns

Falls Sie in letzter Zeit nie in einem Handarbeitsladen waren, werden Sie entzückt sein von der Vielfalt des Angebots: Garne in jeder erdenklichen Farbe, Struktur und Faserart! Wichtig ist, dass Garne für Babysachen gut waschbar sind und sich weich anfühlen, aber abgesehen davon haben Sie freie Wahl. Lassen Sie sich nicht nur von den traditionellen Pastelltönen, sondern ruhig auch mal von satten oder kräftig kontrastierenden Farben verführen. Rot, Schwarz und Weiß werden manchmal als besonders für Babys geeignete Farben angepriesen, weil sie die Aufmerksamkeit erregen und manche Entwicklungsprozesse fördern. Erkunden Sie die Vielfalt der Effektgarne, und fragen Sie nach eigens für Babys entwickelten superweichen und besonders gut waschbaren Garnen.

Für die Wahl des Strickgarns ist – außer Ihrem persönlichen Geschmack – eigentlich nur der Verwendungszweck der Decke ausschlaggebend. Soll sie für ein Neugeborenes sein, also superweich? Oder das Baby bei Spaziergängen im Herbst gegen Kälte schützen – also in den Kinderwagen oder Buggy passen und vor allem dick und warm sein? Die Babydecken in diesem Buch wurden aus Baumwollgarnen oder waschbaren Wollgarnen gestrickt, mit Garnnovitäten als Highlights. Viele Strickerinnen und Eltern bevorzugen die neuen Kunstfasergarne, weil sie nicht nur superweich, sondern auch besonders pflegeleicht sind. Zu Beginn jeder Anleitung finden Sie auch alle Angaben zum Garn, mit dem dieses Modell gestrickt wurde. Sie können aber auch jedes andere Garn mit derselben Maschenprobe verwenden.

Abkürzungen

Um die Strickanleitungen kurz zu halten, verwendet man Abkürzungen. Wir haben uns in diesem Buch auf die folgenden Abkürzungen beschränkt:

abh	abheben
abk	abketten
abn	abnehmen
anschl	anschlagen
arb	arbeiten
fortlfd	fortlaufend
Fb	Farbe
Fh	Faden hinter die Nadel legen
Fv	Faden vor die Nadel legen
li	linke/links
M	Masche(n)
Nd	Nadel
R	Reihe(n)
Rd	Runde(n)
re	rechte/rechts
str	stricken
U	Umschlag/Umschläge
übz zus-str	überzogen zusammenstricken
verschr	verschränkt
verschr zus-str	verschränkt zusammenstricken
wdh	wiederholen
2 M re zus-str	2 Maschen rechts zusammenstricken
2 M li zus-str	2 Maschen links zusammenstricken
ZN	Zopfnadel
zun	zunehmen

Nach wie vor wird gerne mit Garnen aus Naturfasern gestrickt. Nasse Wolle fühlt sich wärmer an als Baumwolle oder Acrylfasern. Babyhaut reagiert jedoch unter Umständen empfindlich – oder sogar allergisch – auf kratzige Wolle. Falls Sie also am liebsten mit Wollgarn stricken, sollten Sie gut waschbare Qualitäten wählen, die nicht nur weicher, sondern auch so ausgerüstet sind, dass sie in der Waschmaschine gewaschen werden können. Solche „waschmaschinenfesten“ Garne müssen jedoch bei der auf der Banderole angegebenen Temperatur und Programmeinstellung gewaschen und getrocknet werden. Für Walkdecken dürfen Sie keine waschmaschinenfeste Wolle nehmen, weil sie nicht filzt.

Wer gerne mit Naturfasergarnen strickt, greift mit Vorliebe zu Baumwoll- oder Baumwoll-Mischgarnen. Baumwolldecken sind ideal für Frühjahrs- und Sommerbabys, denn sie sind nicht nur gut waschbar, sondern auch leichter als Decken aus vergleichbaren Wollgarnen. Fragen Sie nach den speziell für Babysachen entwickelten extraweichen Baumwollgarnen.

Wenn Sie für Ihre Decke mehrere Garne brauchen, sollten Materialzusammensetzung und Lauflänge (= Meter pro Knäuel) übereinstimmen. Ihr Probequadrat für die Maschenprobe muss alle in der Strickanleitung vorkommenden Garne enthalten. Garne verschiedener Hersteller unterscheiden sich unter Umständen im Ma-

Decken mit Innenleben

Haben Sie Probleme mit Reizungen der empfindlichen Babyhaut durch kratzige Fasern? Oder mit allzu langen Spannfäden auf der Rückseite mehrfarbiger Decken? So lösen Sie beide Probleme auf einen Streich: Füttern Sie die fertig gestrickte Decke – sie wird dadurch noch wärmer und außerdem aufgewertet durch ein zusätzliches attraktives Gestaltungselement. Flanellstoff aus Wolle und Baumwolle, Baumwolljersey und weiches Vlies sind als Futter für Babydecken besonders geeignet.

Zuerst die fertig gestrickte Decke spannen und den Futterstoff in heißem Wasser waschen, damit er eingeht. Die Decke auf den Futterstoff legen und von ihrem Rand nach allen Seiten 2,5 cm zugeben. Zuschneiden, 2,5 cm Saum einschlagen und bügeln (dieser Arbeitsschritt kann bei Vliesfutter entfallen). Decke und Futter links auf links heften und zusammennähen. Mit Quiltinggarn oder anderem kräftigem Faden beide Lagen in regelmäßigen Abständen wie bei einer Steppdecke zusammennähen.

schenbild sowie in der Waschbarkeit und Formbeständigkeit. Ein Gestrick aus Garnen unterschiedlicher Zusammensetzung muss immer nach der Waschanleitung für das empfindlichste Garn gewaschen werden. Sie können zum Beispiel durchaus ein Mohair- oder Schurwollgarn mit einem waschmaschinenfesten Wollgarn gleicher Lauflänge kombinieren, dürfen dann aber die Babydecke nur von Hand waschen – wegen des Mohair und Schurwollanteils.

Auch beim Garnkauf sind die besseren Qualitäten in der Regel teurer. Ganz billige Garne sparen Ihnen zunächst Geld, leiern aber leicht aus und sind in der Regel nicht so langlebig. Einer der Gründe, warum Sie stricken, ist höchstwahrscheinlich, dass es Ihnen Spaß macht, doch wenn Sie schon Zeit und Mühe für etwas Handgestricktes aufwenden, legen Sie sicher auch Wert darauf, dass es lange hält und hübsch aussieht. Wichtig: Kaufen Sie genug Garn!

Es empfiehlt sich, einen oder zwei Knäuel mehr zu kaufen, damit Ihnen das Garn nicht ausgeht. Wenn Sie Garn nachkaufen müssen, kann es Ihnen passieren, dass entweder dasselbe Garn nicht mehr erhältlich ist oder inzwischen aus einer anderen Farbpartie stammt und dann eine zwar nur geringfügig, aber doch erkennbar abweichende Färbung aufweist. Gute Fachgeschäfte legen Ihnen einen Reserveknäuel bis zu einem Monat beiseite oder nehmen nicht verwendete Knäuel zurück.

Strickgarn wird in Knäueln oder in Strängen verkauft, die vor dem Stricken zu Knäueln aufgewickelt werden müssen. Übrigens: Wenn Sie den Arbeitsfaden aus dem Knäuelinneren holen, läuft er leichter und gleichmäßiger.

Stricknadeln & Co.

Erfahrene Strickerinnen haben meist ausgeprägte Vorlieben für bestimmte Stricknadeln. Wenn Sie die Vielfalt des Angebots verwirrt, probieren Sie einfach aus, womit Sie am besten zurechtkommen. Nadeln aus beschichtetem Aluminium sind sehr langlebig, die dickeren davon aber eher schwer, und die Maschen rutschen leicht herunter. Kunststoffnadeln sind leichter, brechen und verbiegen sich jedoch leicht, und das Garn gleitet oft nicht richtig auf ihnen. Ich stricke am liebsten mit Bambusnadeln, weil das Garn auch bei großer Hitze angenehm darauf gleitet und sie nicht so laut klappern.

Wenn Sie sich erst einmal für Stricknadeln aus einem bestimmten Material entschieden haben, müssen Sie noch zwischen geraden Nadeln mit einer oder zwei Spitzen und Rundstricknadeln wählen. Manchmal ergibt sich die Nadelwahl bereits daraus, was Sie stricken möchten. Mützen und Socken beispielsweise werden – wie alles in Schlauchform Gestrickte – mit einem Nadelspiel aus vier oder fünf beidseitig spitzen Nadeln oder mit der Rundstricknadel gestrickt. Wenn Ihre Strickarbeit jedoch eine hohe Maschenzahl aufweist, wie gerade bei manchen Babydecken, kommen Sie wahrscheinlich auch beim Stricken in Reihen mit der Rundstricknadel besser zurecht als mit geraden Nadeln. Denn wenn Sie zu viele Maschen auf eine gerade Nadel quetschen, schlägt das Gestrick Falten und macht das Abstricken und Zählen der Maschen mühsam. Beim Stricken von flachen Teilen mit der Rundstricknadel wenden Sie einfach die Arbeit nach jeder Reihe, statt fortlaufend in Runden zu stricken. Rundstricknadeln haben ein flexibles Mittelstück aus Nylon oder anderem Kunststoff und sind in mehreren Längen erhältlich.

Für kleinere Strickarbeiten eignen sich gerade Jacken- oder Schnellstricknadeln gut. Für die dreidimensionalen Partien einiger hier vorgestellter Modelle brauchen Sie auch Strumpfstricknadeln mit zwei Spitzen. Die Nadelstärke ist jeweils angegeben (Nd Nr. 3,5 heißt beispielsweise, dass die Stricknadel an der dicksten Stelle einen Durchmesser von 3,5 mm hat).

Wichtig: Bei manchen Strickmustern sind zwei Nadelstärken angegeben. Wenn Sie die Stärke der dickeren Nadeln ändern müssen, damit die Maschenprobe stimmt, ist auch für die dünneren Nadeln eine entsprechende Anpassung erforderlich.

Häkelnadeln in gängigen Stärken sind hilfreich beim Auffassen gefallener Maschen (siehe auch Seite 14) und zum Umhäkeln mancher Ränder.

Alles im Strickkorb

Je nachdem, was Sie stricken wollen, werden Sie nur einige der unten aufgezählten Zubehörteile dafür kaufen müssen. Ein wohl bestückter Handarbeitskorb erleichtert jedoch das Stricken sehr.

- Stricknadeln: Jacken- oder Schnellstricknadeln, Nadelspiele und Rundstricknadeln
- Häkelnadeln unterschiedlicher Stärke zum Auffassen von Fallmaschen und zum Umhäkeln von Rändern
- Nadellehre (zur Ermittlung der Nadelstärke) mit Zentimeterskala
- Maßband
- Nadelschützer aus Gummi oder Korken; sie verhindern, dass Maschen von den Nadeln rutschen, wenn gerade nicht gestrickt wird
- Wollnadeln mit stumpfer Spitze in mehreren Stärken zum Vernähen und Besticken
- Stecknadeln
- Kleine, scharfe und spitze Schere
- Maschenraffer (oder Sicherheitsnadeln für kleine Maschenzahlen)
- Markierungsringe
- Zopfnadeln
- Garnspulen zum Aufwickeln kleiner Garnmengen beim Stricken in Intarsientechnik
- Haftnotizen zum Markieren Ihrer Position in der Strickschrift oder auf dem Zählmuster
- Strickbeutel oder -korb

Die Maschenprobe

Wenn Sie erst einmal wissen, dass bei den von Ihnen verwendeten Garn- und Nadelstärken 20 Maschen und 28 Reihen ein Quadrat von 10 cm Seitenlänge ergeben, können Sie jedes beliebige Teil stricken und sicher sein, dass dann auch die fertige Größe stimmt. Berechnen Sie die Maschenprobe immer anhand eines Quadrats von 12 cm Kantenlänge, weil ungleichmäßig gestrickte oder halbe Maschen bei kleineren Probequadraten zu Berechnungsfehlern führen. Und so stricken Sie ein Probequadrat und berechnen die Maschenprobe:

1. Wenn die Maschenprobe bei einem Modell angibt: 16 M mit Nd Nr. 4,5 = 10 cm, dann schlagen Sie 20 Maschen mit Stricknadeln Nr. 4,5 an (also die 16 M der Maschenprobe plus je 2 M beiderseits davon, damit Sie die Randmaschen, die eingerollt oder ungleichmäßig sein können, nicht mitrechnen müssen).

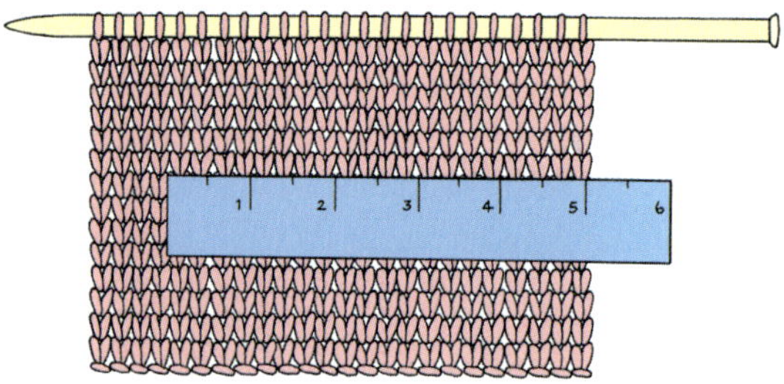

Abmessen der Maschenprobe

2. Stricken Sie nun im Grundmuster Ihres Modells ein etwa 13 cm hohes Probequadrat.

3. Legen Sie das Quadrat auf eine ebene Fläche, ohne es zu dehnen, und messen Sie den mittleren Bereich mit einem Lineal oder einem speziellen Zählrahmen ab. Zählen Sie die Maschen über eine Breite von 10 cm: Es müssten genau 16 sein.

4. Bei *mehr als 16 Maschen* auf 10 cm Breite sollten Sie mit dickeren Nadeln ein neues Probequadrat stricken (Schritte 1 – 3 wiederholen). Bei *weniger als 16 Maschen* auf 10 cm Breite sollten Sie mit dünneren Nadeln ein neues Probequadrat stricken (Schritte 1 – 3 wiederholen).

5. Auch wenn Sie die richtige Nadel- und Garnstärke für Ihre Maschenprobe bereits kennen, ist es ratsam, nach den ersten Zentimetern Stricklänge nachzumessen, ob Länge und Breite der Maschenprobe entsprechen.

Hinweis: Nehmen Sie für das Probequadrat immer neues Garn. Garn aus aufgetrennten Strickereien kann gedehnt sein und ungenaue Ergebnisse liefern.

Deckenmaße

Je nach Verwendungszweck haben Babydecken meist etwa folgende Maße:

Schlafdecke	76 x 90 bis 90 x 115 cm
Schmusedecke	120 x 150 cm
Wagendecke	76 x 90 cm

Maschenanschlag

Wenn nichts anderes angegeben ist, werden die Maschen meist nach der unten vorgestellten Methode angeschlagen. Sie ergibt einen besonders sauberen, festen und doch elastischen Anschlagrand. Arbeiten Sie mit zwei Nadeln und ziehen Sie eine nach dem Anschlagen heraus.

Legen Sie den Faden mindestens 1 m vom Fadenende entfernt um die Finger der linken Hand: Er läuft von oben zwischen kleinem Finger und Ringfinger zur Handfläche, wird unter Ring- und Mittelfinger entlanggeführt und kommt vor dem Zeigefinger wieder nach oben. Dann wird er eineinhalbmal um den Zeigefinger gewickelt.

1. Schlingen Sie den Faden von vorne nach hinten einmal um den Daumen. Das Fadenende halten Sie zwischen Mittel- und Ringfinger oder zwischen Ringfinger und kleinem Finger. Stechen Sie zwei Stricknadeln von unten parallel in die Daumenschlinge ein und erfassen Sie den Faden, der zwischen Daumen und Zeigefinger verläuft, von vorn nach hinten.

2. Ziehen Sie den Faden durch die Schlinge, und lassen Sie diese vom Daumen gleiten.

3. Mit dem Daumen nehmen Sie das Fadenende wieder auf und schlingen es wie vorher um den Daumen. Dabei zieht sich die erste Masche zusammen.

4. Wiederholen Sie Schritt 1 – 3 so oft, bis die gewünschte Anzahl an Maschen angeschlagen ist.

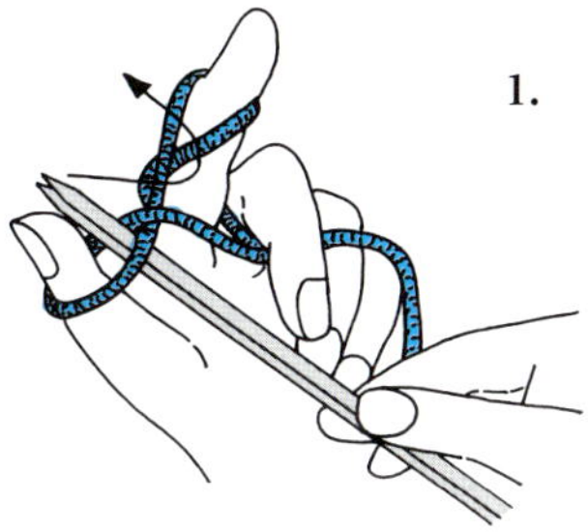
1.

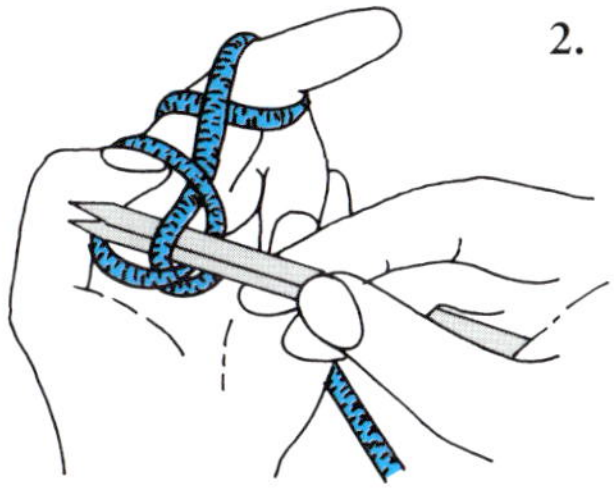
2.

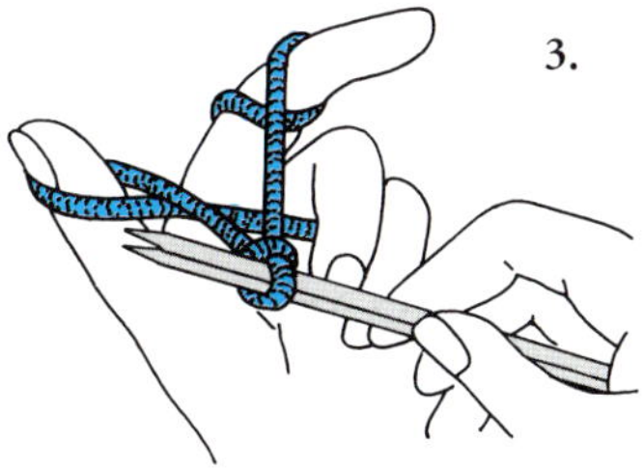
3.

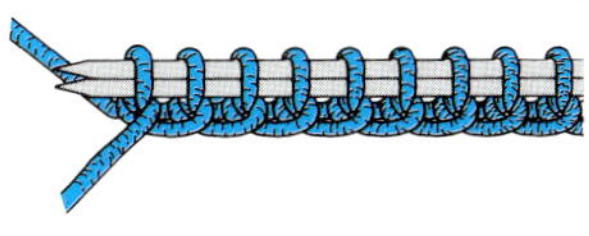
4.

Abketten

Die einfachste Methode des Abkettens besteht darin, zwei Maschen abzustricken, dann die erste über die zweite Masche zu ziehen und von der Nadel gleiten zu lassen. Ziehen Sie dabei den Faden nicht zu stark an, sonst wirft sich der Abkettrand und verliert seine Elastizität. Zum Schluss wird der Faden abgeschnitten, durch die letzte Masche gezogen und auf der Rückseite vernäht.

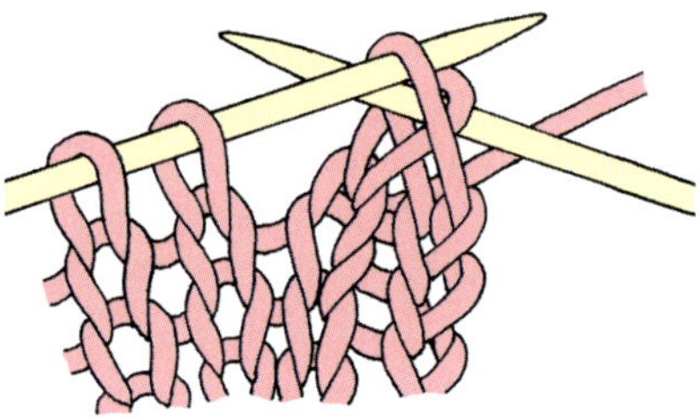

Abketten

Das Abketten mit drei Nadeln ist ideal als nahezu unsichtbare Verbindung von zwei Teilen, die aber genau dieselbe Maschenzahl aufweisen müssen. Halten Sie die beiden Teile (oder Hälften) *rechts auf rechts* in der linken Hand (bei Nadeln mit nur einer Spitze müssen dabei die Spitzen in dieselbe Richtung weisen).

1. Stechen Sie eine dritte Nadel in die jeweils erste Masche auf der vorderen und der hinteren Stricknadel ein und stricken Sie das Maschenpaar zusammen (siehe Abb. rechts).

2. Das zweite Maschenpaar (= 2. Masche auf der vorderen und hinteren Nadel) ebenso abstricken.

Sicherheit hat Vorrang

• Für Babydecken niemals lange Bänder verwenden – sie könnten sich um den Babyhals wickeln.

• Kleine Knöpfe und Perlen sind ebenfalls tabu – das Baby könnte daran ersticken, wenn sie sich ablösen. Alle zusätzlichen Ornamente müssen mit Knopflochgarn so fest angenäht werden, dass sie sich nicht lösen können, und nach jeder Wäsche kontrolliert werden.

• Vernähen Sie alle Fadenenden gründlich auf der Rückseite der Decke. Ebenso wie zu lange Spannfäden sind sie gefährlich, weil sie sich um Handgelenke, Finger und Zehen wickeln und das Blut abschnüren können.

3. Die erste Masche über die zweite ziehen.

4. Schritt 1 – 3 fortlaufend wiederholen.

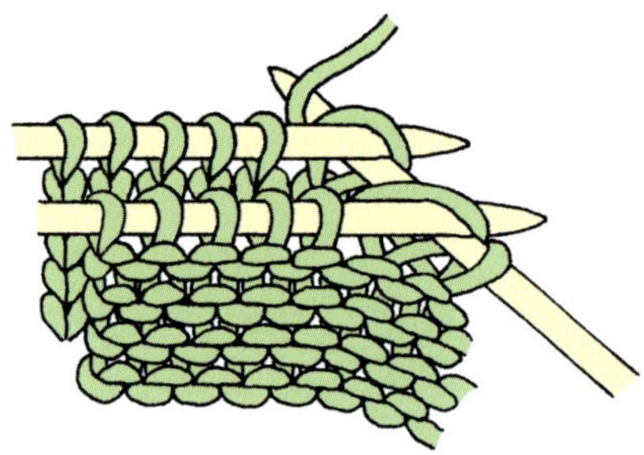

Abketten mit drei Nadeln

Abnahmen

Abnahmen ergeben interessante Gestaltungsmöglichkeiten und werden meist nach einer der drei unten vorgestellten Methoden gestrickt. (Welche davon anzuwenden ist, steht jeweils in der Strickanleitung.) Die ersten beiden ergeben nach links geneigte Maschen, meist am rechten Rand der Arbeit; die dritte (2 M re zus-str) ergibt eine nach rechts geneigte Masche für den linken Rand.

2 M RE VERSCHR ZUS-STR

Diese Abkürzung bedeutet „zwei Maschen rechts verschränkt zusammenstricken". Heben Sie die beiden nächsten Maschen einzeln wie zum Rechtsstricken auf die rechte Nadel, dann schieben Sie die Spitze der linken Nadel von links nach rechts durch die abgehobenen Maschen und stricken sie aus dieser Position beide rechts verschränkt zusammen. Diese Methode ergibt an der Vorderseite der Arbeit eine nach links geneigte Masche und wird oft am Beginn einer Reihe verwendet.

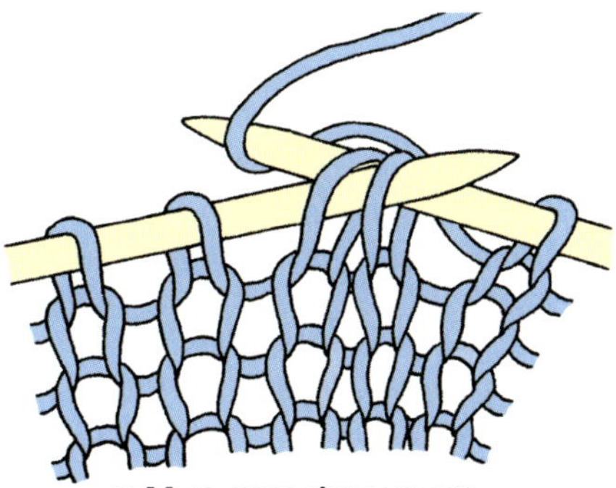

2 M re verschr zus-str

2 M RE ÜBZ ZUS-STR

Abkürzung für „zwei Maschen rechts überzogen zusammenstricken". Heben Sie eine Masche von der linken Nadel wie zum Rechtsstricken auf die rechte Nadel, ohne sie zu stricken. Stricken Sie die nächste Masche rechts, und ziehen Sie die abgehobene Masche über die rechts gestrickte.

Die Abnahme erscheint nach links geneigt.

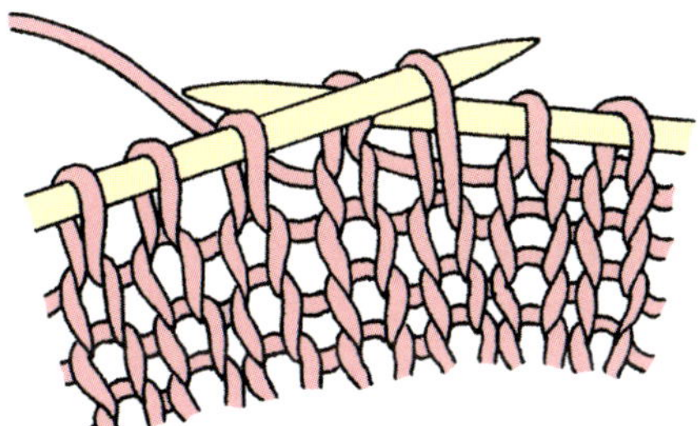

2 M re übz zus-str

2 M RE ZUS-STR

Bei dieser Methode („zwei Maschen rechts zusammenstricken") stechen Sie gleichzeitig in zwei Maschen auf der linken Nadel ein und stricken sie rechts zusammen. Diese Abnahme neigt sich nach rechts und wird meist am Reihenende verwendet.

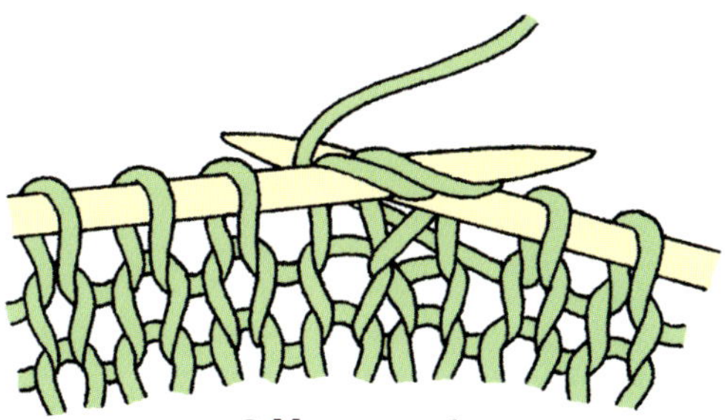

2 M re zus-str

Fallmaschen sind kein Problem

Anfänger geraten leicht in Panik, wenn ihnen eine Masche von der Nadel fällt. Dabei ist es so leicht, Fall- oder nur halb gestrickte Maschen aufzufangen! Sie brauchen dafür eine Häkelnadel. Halten Sie Ihre Arbeit so, dass die Vorderseite zu Ihnen weist, und stechen Sie bei glatt rechts Gestricktem die Häkelnadel von vorne nach hinten durch die Fallmasche. (Auf der Rückseite Nadel von hinten nach vorne einstechen.) Heben Sie die Schlinge bis oberhalb des Querfadens darüber, fassen Sie diesen mit der Häkelnadel und ziehen Sie ihn durch die Schlinge. Reihenfolge der Querfäden beim Emporhäkeln beachten!

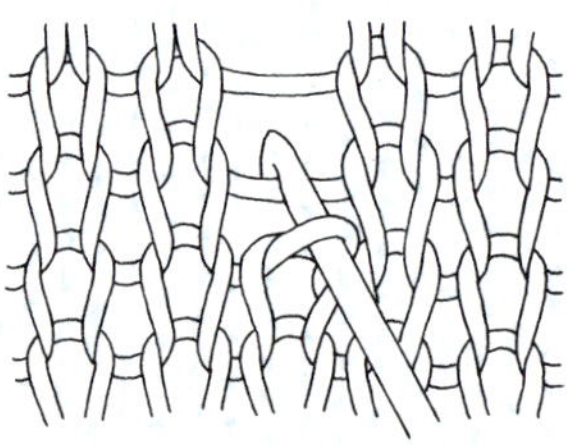

Rechte Maschen auffangen

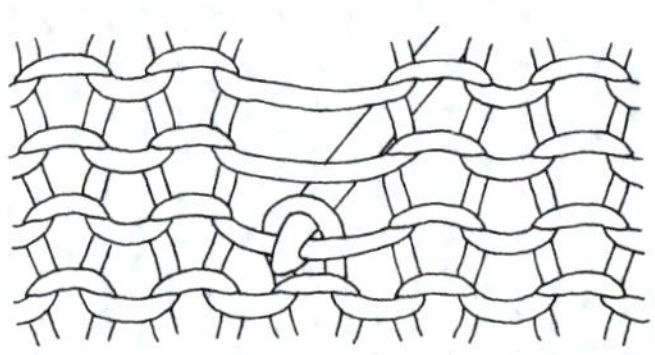

Linke Maschen auffangen

Zunahmen

Zunahmen braucht man für die Formgebung und Gestaltung. Hier stellen wir Ihnen drei Techniken vor: 2 Maschen aus einer herausstricken, 1 Masche aus dem Querfaden zunehmen mit Rechtsneigung und dieselbe Zunahme mit Linksneigung.

1 RE/LI M ZUN

Beim Herausstricken von zwei Maschen aus einer entsteht kein Loch, jedoch bleibt ein Querfaden auf der rechten Seite der Arbeit sichtbar. Um eine rechte Masche zuzunehmen, stricken Sie eine rechte Masche ins vordere Maschenglied, ohne sie von der Nadel gleiten zu lassen. Stricken Sie dann noch eine rechte Masche ins hintere Maschenglied und nehmen Sie beide Maschen auf die rechte Nadel. Um eine linke Masche zuzunehmen, stricken Sie eine linke Masche ins vordere und eine linke ins hintere Glied.

Um **zwei Maschen gleichzeitig zuzunehmen**, stricken Sie ins vordere, dann ins hintere und wieder ins vordere Glied derselben Masche, also 3 Maschen aus 1 Masche heraus.

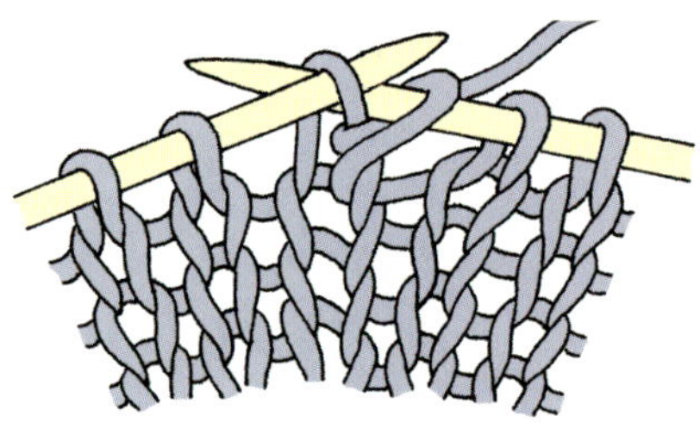

1 re M zun

1 M ZUN MIT RECHTSNEIGUNG

1. Nehmen Sie mit der Spitze der linken Nadel den Querfaden vor der nächsten Masche von hinten nach vorne auf.

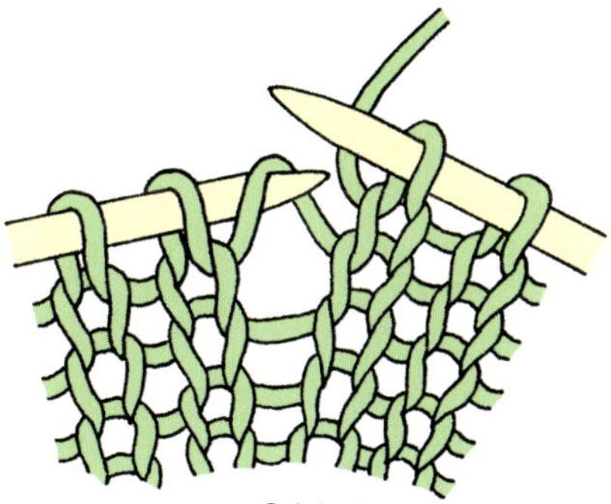

Schritt 1

2. Stechen Sie von der linken Seite (siehe Grafik) in den Querfaden ein und stricken Sie ihn rechts ab, wodurch eine neue Masche mit Rechtsneigung entsteht. Die Nadel von links nach rechts in den Querfaden einzustechen ist zwar etwas mühsam, aber unbedingt nötig, weil sonst ein hässliches Loch im Gestrick zu sehen ist.

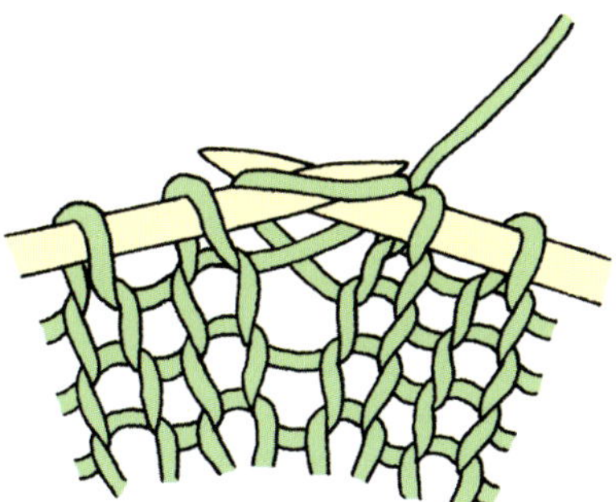

Schritt 2

1 M ZUN MIT LINKSNEIGUNG

1. Querfaden von vorne nach hinten aufnehmen.

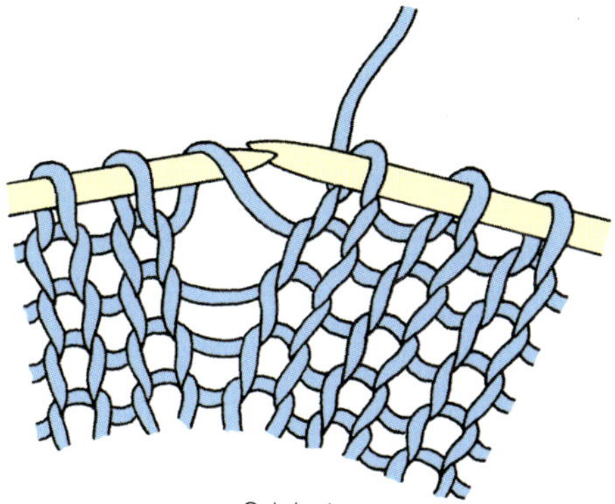

Schritt 1

2. Stechen Sie von rechts in den Querfaden ein und stricken Sie ihn rechts ab, wodurch eine neue Masche mit Linksneigung entsteht.

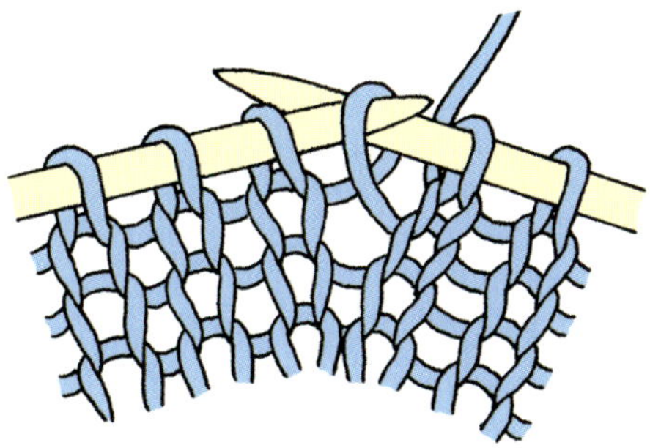

Schritt 2

Hinweis: Wenn Sie am Ende einer Runde eine Masche zunehmen, nehmen Sie den Querfaden zwischen der letzten und der ersten Masche einer Runde auf.

Jetzt geht's rund

Bei manchen Modellen in diesem Buch kommen in Runden gestrickte, plastische Teile vor. Glatt rechts bedeutet beim Rundstricken, dass Sie durchwegs – mit einer Rundstricknadel oder Nadelspielen – auf der Vorderseite der Arbeit rechts stricken, ohne je zu wenden. (Beim Stricken mit geraden Nadeln bedeutet glatt rechts, dass die Hinreihen rechts und die Rückreihen links gestrickt werden.) Arbeiten Sie kleine Teile mit dem Nadelspiel, größere mit der Rundstricknadel. Bis auf ein paar Schmuckelemente und die Wagendecke auf der Seite 98 kommt das schlauchförmige Rundstricken bei Babydecken kaum vor. Einige Decken werden aber von der Mitte nach außen – zunächst mit Nadelspielen und dann mit einer Rundstricknadel – gestrickt, wobei Zunahmen in den Ecken die Decke „wachsen" lassen. Für diese Modelle brauchen Sie etwas Übung im Rundstricken.

Zum Rundstricken mit dem Nadelspiel (Nadeln mit 2 Spitzen) schlagen Sie die benötigte Maschenzahl an und verteilen die Maschen gleichmäßig oder entsprechend den Angaben der Strickanleitung auf drei oder vier Nadeln. Legen Sie die Nadeln so, dass sie ein Dreieck bzw. ein Quadrat bilden. Die Maschen dürfen nicht um die Nadel verdreht sein, was besonders in den Ecken leicht vorkommt, und müssen liegen, wie in der Abbildung auf Seite 17 am Beispiel des Dreiecks gezeigt.

Stricken mit dem Nadelspiel

- Um lockere Maschen am Übergang von einer Nadel zur anderen zu vermeiden, sollten Sie darauf achten, nach der ersten von der neuen Nadel abgestrickten Masche den Faden straff zu ziehen. Eine gleichmäßige Fadenspannung erreichen Sie auch durch das Herüberholen einiger Maschen auf die nächste Nadel nach den ersten Runden.
- Es strickt sich leichter, wenn die Enden der beiden Nadeln, mit denen Sie gerade arbeiten, auf der dritten Nadel liegen.
- Markieren Sie den Beginn der Runde mit einem Ring, einer Sicherheitsnadel oder einem andersfarbigen Garn.
- Achten Sie darauf, beim Rundstricken niemals die Richtung zu wechseln.

Der nächste Schritt ist besonders kritisch: Nehmen Sie die Nadeln in die linke Hand, ohne dass sich Maschen verdrehen, und stricken Sie mit der vierten bzw. fünften Nadel und dem von der letzten Anschlagmasche kommenden Arbeitsfaden die erste Masche von der linken Nadel ab.

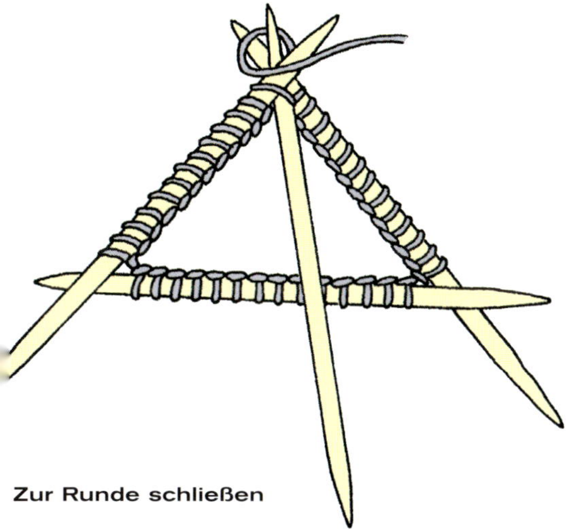

Zur Runde schließen

Ziehen Sie den Faden straff, bevor Sie die zweite Masche abstricken. (Aber verknoten Sie den Faden nicht!) Wenn alle Maschen der ersten Nadel abgestrickt sind, nehmen Sie die nun frei gewordene Nadel zum Abstricken der zweiten Nadel und so weiter bis zum Ende der ersten Runde. Nehmen Sie einen Markierungsring auf die Nadel: Er zeigt den Beginn jeder neuen Runde an.

Zum Stricken mit der Rundstricknadel legen Sie die Nadel mit den Anschlagmaschen so, dass alle Maschen nach innen weisen, und stricken Sie die ersten paar Maschen von der linken Nadel ab, ohne sie zu verdrehen. Ziehen Sie den Faden zwischen der letzten Anschlagmasche und der ersten Masche der ersten Runde straff. (Aber verknoten Sie den Faden nicht!) Setzen Sie an dieser Stelle einen Markierungsring – das erleichtert Ihnen das Zählen der Runden.

Neues Garn ansetzen

Ein neuer Faden wird am besten am Rand Ihrer Decke angesetzt, weil der Übergang dort am wenigsten auffällt. Sie können den neuen Faden bereits mit den letzten drei oder vier Maschen des alten Garns mitstricken (siehe Abbildung unten). Diese doppelten Maschen werden in der nächsten Reihe als eine Masche abgestrickt. Bei sehr glattem Garn ist die Ansatzstelle sichtbar. Für Farbwechsel ist diese Methode daher nicht geeignet.

Weniger sichtbar ist der Garnwechsel, wenn Sie das Ende des neuen Garns an der Rückseite der Arbeit anlegen und den neuen Faden über sechs oder sieben Maschen einweben, indem Sie den Arbeitsfaden beim Stricken darüber und darunter führen wie beim Ansetzen eines andersfarbigen Garns, wenn Sie mehrfarbig stricken. Den neuen Faden können Sie dann einfach auf-

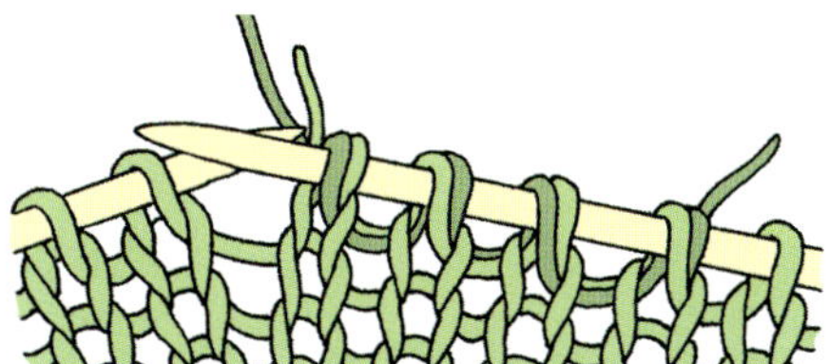

Neues Garn ansetzen

nehmen und damit weiterstricken, wobei Sie das Ende des alten Fadens ebenso mitführen. Diese Methode, gewissenhaft durchgehalten, erspart Ihnen das lästige Vernähen der Fäden, wenn die Decke fertig ist – das wird Sie freuen!

Freude an Farben

Mehrfarbiges Stricken eröffnet Ihnen eine schier unerschöpfliche Fülle faszinierender Muster. In diesem Buch kommen zwei der dafür benötigten Stricktechniken vor – die Norweger- und die Intarsientechnik. Welche davon verwendet wird, richtet sich nach dem Muster. Wenn in zwei (oder mehr) Farben in regelmäßigen Abständen über die ganze Reihe gestrickt wird und nicht mehr als acht Maschen gleicher Farbe in der Farbfolge zu stricken sind, ist die Norwegertechnik die richtige Wahl. Für ein einzelnes Farbfeld in andersfarbiger Umgebung, weit weg von der nächsten Farbwiederholung, ist die Intarsientechnik zu empfehlen. (Statt in Intarsientechnik zu stricken, können Sie fallweise auch Muster im Maschenstich aufsticken; siehe S. 88.)

In diesem Buch geben für jede mehrfarbige Decke auf die Farbfotos abgestimmte Zählmuster die Farbfolge an. Um nach diesen Zählmustern in Norweger- oder Intarsientechnik zu stricken, beginnen Sie jeweils an der rechten unteren Ecke und arbeiten in Hinreihen (Vorderseite) von rechts nach links und in Rückreihen von links nach rechts.

NORWEGERTECHNIK

Die Beachtung einiger Grundregeln spart Ihnen viel Ärger mit verhedderten Fäden. Eine davon ist, dass Sie beim Farbwechsel den Faden in der Hauptfarbe durchwegs unter dem der Nebenfarbe aufnehmen. Auf der Vorderseite der Arbeit herrscht die so aufgenommene Farbe im Muster vor und ergibt ein gleichmäßigeres Maschenbild.

Beim mehrfarbigen Stricken führen Sie die andere(n) Farbe(n) an der Rückseite so locker mit, dass sich das Gestrick nicht wirft. Wenn dadurch Spannfäden über mehr als drei Maschen hinweg gezogen werden, müssen Sie diese nach jeweils drei bis vier Maschen von unten mit dem Arbeitsfaden umfangen (= einweben; siehe Abbildung unten). So verhindern Sie, dass sich die winzigen Babyfinger in allzu langen Spannfäden verheddern.

Für das Stricken von Norwegermustern (auch als Jacquardmuster bezeichnet) erweisen sich so genannte Strickfingerhüte als praktisch: aus Metall oder Kunststoff gefertigte Reifen oder Kappen, die auf den linken Zeigefinger (bei

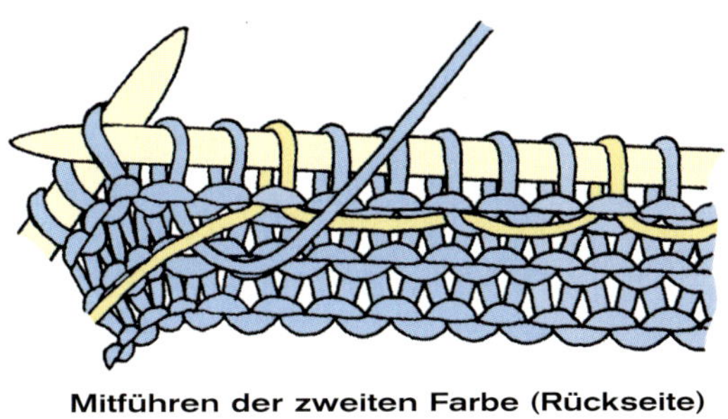

Mitführen der zweiten Farbe (Rückseite)

Rechtshändern) gesetzt werden und durch deren Ösen oder Einschnitte die Fäden laufen. So bleiben die einzelnen Fäden sauber voneinander getrennt.

Wenn Sie nicht mit einem solchen Strickfingerhut, aber mit zwei Farben in Norwegertechnik arbeiten, ist es wichtig, die beiden Fäden nie zu verdrehen, sondern immer dieselbe Farbe links beziehungsweise rechts auf dem Zeigefinger der linken Hand zu führen. Normalerweise liegt die dunklere Farbe links und damit vor der helleren.

INTARSIENTECHNIK

Wickeln Sie, bevor Sie mit dem Stricken beginnen, Garn in allen benötigten Farben auf kleine Garnspulen oder zu Strängchen (siehe Abbildung unten) auf. So haben Sie stets den richtigen Nachschub zur Hand, und die Fäden verheddern sich nicht so leicht wie beim Stricken mit ganzen Knäueln. (Manche Strickerinnen lassen einfach lange Fäden in allen Farben von der Rückseite der Arbeit herabhängen und entwirren sie, wenn nötig, mit einem Kamm.)

Wenn Sie zu einer neuen Farbe wechseln, legen Sie die alte Farbe nach hinten und stricken in der neuen Farbe nach der Anleitung oder dem Zählmuster weiter. Verkreuzen Sie dabei den

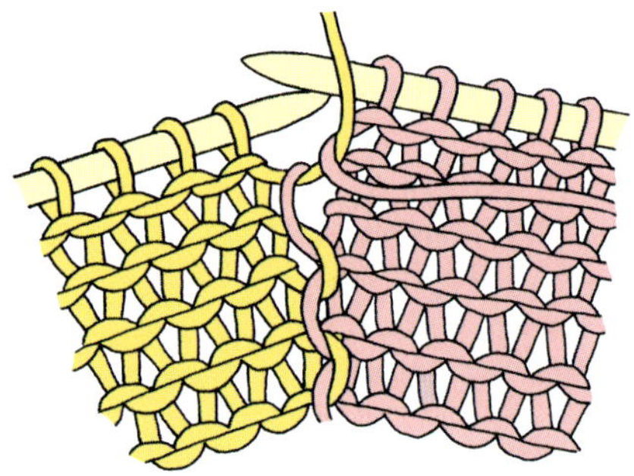

Intarsientechnik: Schritt 1 (Rückseite)

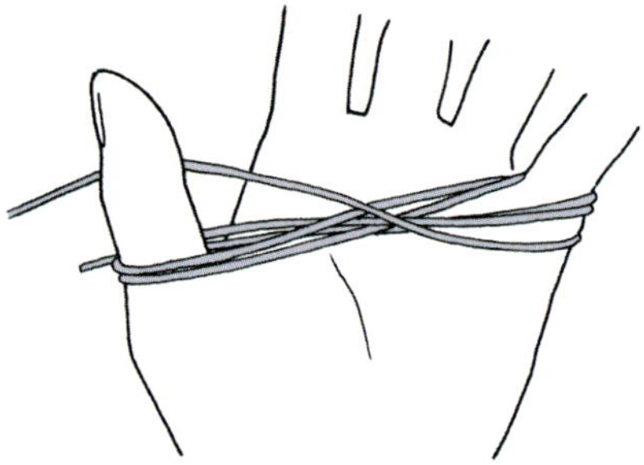

Aufwickeln kleiner Stränge

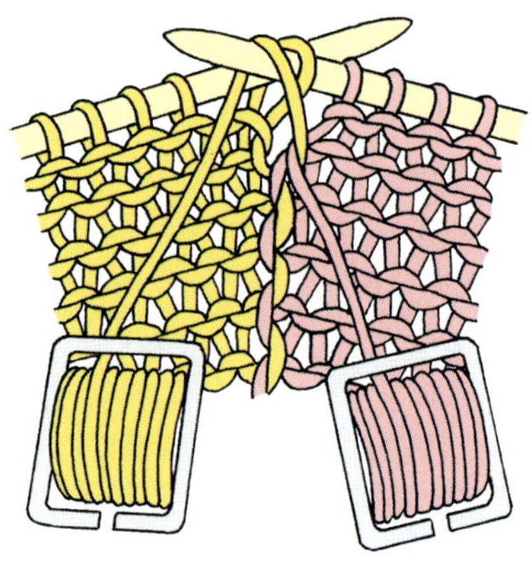

Intarsientechnik: Schritt 2 (Rückseite)

alten mit dem neuen Faden, wie es die Abbildungen auf der gegenüberliegenden Seite zeigen. So entsteht eine saubere, feste Fadenverbindung ohne Lücken im Gestrick. Achten Sie darauf, dass sowohl bei rechts als auch bei links gestrickten Reihen diese Fadenverbindung auf der Rückseite der Arbeit liegt.

Spannen & dämpfen

Auch wenn Sie es noch so eilig haben, Ihr Meisterwerk abzuliefern: Erst müssen noch alle Fadenenden vernäht werden. Achten Sie besonders bei ungefütterten Decken darauf, dass die vernähten Fäden auf keiner der beiden Seiten zu erkennen sind. Und noch etwas: Wie von Zauberhand verschwinden beim Spannen und Dämpfen alle kleinen Unregelmäßigkeiten im Maschenbild.

Aus reinen Wollgarnen Gestricktes lässt sich mit einem knapp darüber gehaltenen Dampfbügeleisen dämpfen. Sie können aber auch ein feuchtes Bügeltuch darüber legen und das Bügeleisen leicht aufsetzen. Auf keinen Fall dürfen Sie das Bügeleisen fest aufdrücken oder hin und her bewegen. Rippenbündchen überhaupt nicht dämpfen – sie würden ihre Elastizität verlieren.

Strickarbeiten aus Wollmischgarnen, Angora, Mohair, Alpaka oder Kaschmir sollten Sie nicht dämpfen oder gar bügeln, sondern sorgfältig spannen.

Kleinere Modelle können Sie auf eine Spann- und Dämpfunterlage aus dem Handarbeitsfachhandel (z. B. von Inox) aufstecken. Auf diese mit Stoff kaschierte Schaumstoffplatte ist bereits ein Karoraster aufgedruckt, das ein kantengerades Spannen sehr erleichtert. Für größere Decken können Sie auf einem unempfindlichen Teppichboden in einem selten betretenen Raum ein sauberes Laken ausbreiten, auf dem Sie die Decke feststecken. Dann sprühen Sie die Decke leicht ein und lassen sie an der Luft trocknen. Kontrollieren Sie, dass die gegenüberliegenden Ränder gleich lang, die Ecken rechtwinkelig und die Reihen gerade ausgerichtet sind. Decken aus Chenille- oder Bändchengarnen nicht spannen.

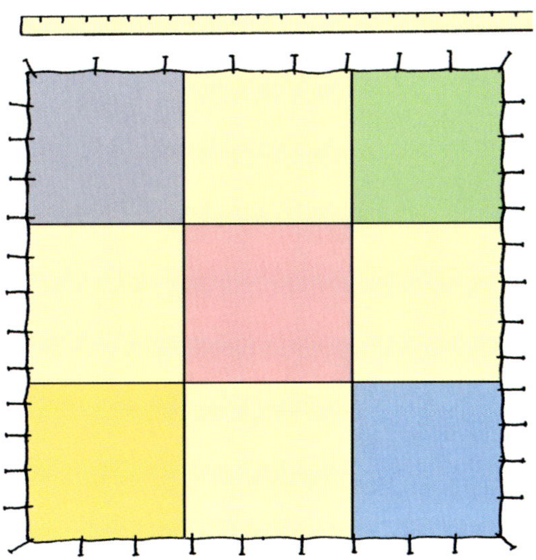

Spannen der fertigen Decke

Aran-Decke

Modell von Linda Daniels, Northampton Wools

In den berühmten Strickmustern für Fischerpullover von den Aran-Inseln stellen die Perlmusterflächen Seegras und die Zöpfe Schiffstaue dar. Für das Baby, das unter einer solchen Decke schläft, bedeutet das Aranmuster ganz einfach wohlige Wärme. Zöpfe ergeben sehr unterschiedliche plastische Muster, wie Sie auf dem Bild rechts erkennen können. Auch wenn Sie noch nie einen Zopf gestrickt haben: Sie werden sehen, wie einfach das ist und wie viel Spaß es macht, sobald Sie sich an die Arbeit mit der Zopfnadel gewöhnt haben.

Maße (fertig gestrickt):
86,5 x 101,5 cm

Garn: ca. 550 g *Jaeger Matchmaker Merino Aran* (100 % Wolle, maschinenwaschbar) in Wollweiß

Stricknadeln:
Rundstricknadel Nr. 5, 60 cm lang, oder andere Stärke gemäß Maschenprobe
Hilfsnadel (Zopfnadel)

Maschenprobe: 20 M mit Nd Nr. 5 glatt re gestrickt = 10 cm

Zubehör: Reihenzähler, Wollnadel mit stumpfer Spitze, 14 Markierungsringe

Hinweis: Sämtliche Muster werden bei dieser Decke in Mustersätzen über 8 Reihen gearbeitet. Verwenden Sie einen Reihenzähler, damit Sie immer genau wissen, an welcher Stelle im Muster Sie gerade sind.

abh = abheben ◆ **anschl** = anschlagen ◆ **glatt li** = glatt links ◆ **li** = links/linke ◆ **M** = Masche(n) ◆ **MR** = Markierungsring ◆ **M-Zahl** = Maschenzahl ◆ **Nd** = Nadel ◆ **re** = rechts/rechte ◆ **str** = stricken ◆ **wdh** = wiederholen ◆ **ZN** = Zopfnadel

Aranmuster

Perlmuster (M-Zahl teilbar durch 2)
1., 3., 5. und 7. Reihe: *1 M re, 1 M li; ab * fortlfd wdh.
2., 4., 6. und 8. Reihe: *1 M li, 1 M re; ab * fortlfd wdh.

Großes Perlmuster (M-Zahl teilbar durch 4 + 2 M)
1., 4., 5. und 8. Reihe: 2 M re, *2 M li, 2 M re; ab * fortlfd wdh.
2., 3., 6. und 7. Reihe: 2 M li, *2 M re, 2 M li; ab * fortlfd wdh.

Breiter Zopf (über 14 M)
1. Reihe: 5 M li, 2 M auf einer ZN hinter die Arbeit legen, 2 M re, 2 M re von der ZN, 5 M li.
2. Reihe: 5 M re, 4 M li, 5 M re.
3. Reihe: 4 M li, 1 M auf einer ZN hinter die Arbeit legen, 2 M re, 1 M re von der ZN, 2 M auf einer ZN vor die Arbeit legen, 1 M re, 2 M re von der ZN, 4 M li.
4. Reihe: 4 M re, 2 M li, 2 M re, 2 M li, 4 M re.
5. Reihe: 3 M li, 1 M auf einer ZN hinter die Arbeit legen, 2 M re, 1 M re von der ZN, 2 M li, 2 M auf einer ZN vor die Arbeit legen; 1 M re, 2 M re von der ZN, 3 M li.
6. Reihe: 3 M re, 2 M li, 4 M re, 2 M li, 3 M re.
7. Reihe: 2 M li, 1 M auf einer ZN hinter die Arbeit legen, 2 M re, 1 M re von der ZN, 4 M li, 2 M auf einer ZN vor die Arbeit legen, 1 M re, 2 M re von der ZN, 2 M li.
8. Reihe: 2 M re, 2 M li, 6 M re, 2 M li, 2 M re.

Schmaler Zopf (über 10 M)
1., 5. und 7. Reihe: 2 M li, 6 M re, 2 M li.
2., 4., 6. und 8. Reihe: 2 M re, 6 M li, 2 M re.
3. Reihe: 2 M li, 3 M auf einer ZN hinter die Arbeit legen, 3 M re, 3 M re von der ZN, 2 M li.

Perlmuster

Großes Perlmuster

Breiter Zopf

Schmaler Zopf

UNTERER RANDSTREIFEN

174 M mit Rundstrick-Nd Nr. 5 anschl.

1. – 8. Reihe: Im Perlmuster str.

DECKE (MITTELTEIL)

Die 1. Reihe (Hinreihe) teilt die Musterstreifen ein. Hängen Sie je 1 Markierungsring (MR) am Beginn und Ende jeder Mustergruppe ein.

8 M im Perlmuster str. MR einhängen.

10 M im großen Perlmuster str. MR einhängen.

Schmalen Zopf str. MR einhängen. Breiten Zopf str. MR einhängen. Schmalen Zopf str. MR einhängen.

18 M im großen Perlmuster str. MR einhängen.

Schmalen Zopf str. MR einhängen. Breiten Zopf str. MR einhängen. Schmalen Zopf str. MR einhängen.

18 M im großen Perlmuster str. MR einhängen.

Schmalen Zopf str. MR einhängen. Breiten Zopf str. MR einhängen. Schmalen Zopf str. MR einhängen.

10 M im großen Perlmuster str. MR einhängen.

8 M im Perlmuster str.

Die Mustersätze über 8 Reihen so oft wiederholen, bis die Decke ca. 100 cm hoch ist. Mit einer 8. Musterreihe abschließen.

OBERER RANDSTREIFEN

1. – 8. Reihe: Im Perlmuster str.

Alle M locker abketten. Fäden vernähen.

Zöpfe - so geht's

Für Zopfmuster brauchen Sie eine Zopfnadel (ZN), auf der je nach Anleitung eine bestimmte Maschenzahl vor oder hinter die Arbeit gelegt wird. Stricken Sie die nächsten Maschen von der linken Nadel im Muster ab, erst danach die Maschen von der Zopfnadel. Vorsicht: Maschen dabei nicht verdrehen!

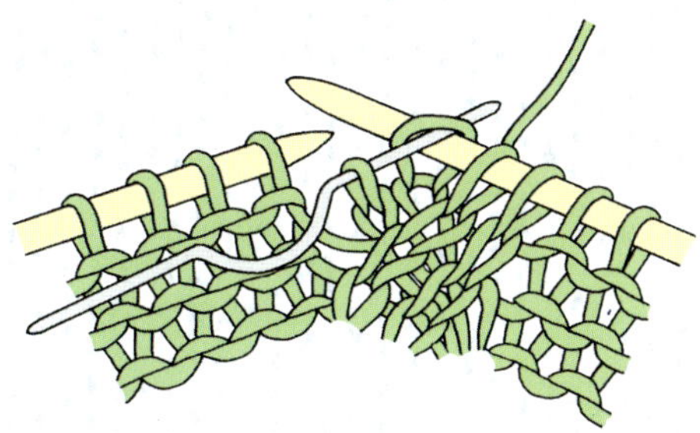

Winter-Wagensack

Modell von Louise Silverman, Sakonnet Purls

Dieser klassische Wagensack hält Ihr Baby auch an einem kalten Wintermorgen von Kopf bis Zeh mollig warm. Wenn Sie in Vorder- und Rückenteil einen Schlitz einarbeiten, können Sie das Baby auf dem Kindersitz angurten, ohne den unteren Teil des Sackes unbequem zusammenzuziehen. Liebevolle Details wie der Wabenmusterstreifen auf dem Vorder- und Rückenteil sowie die kraus rechts gestrickten Farbstreifen an der Ausschnittblende und den Ärmeln verleihen dem Wagensack zusätzlichen Pfiff.

Größe und Maße:
Für Alter 3 – 6 Monate; Breite 40,5 cm, Höhe vom unteren Rand bis zu den Schultern 61 cm

Garn: *Brown Sheep Lamb's Pride Superwash*, (100 % Wolle) in folgenden Farben:
ca. 450 g in Amethyst (Fb A)
Rest in Pink (Fb B)
50 g in Rot (Fb C)

Stricknadeln:
Stricknadeln Nr. 4,5
Stricknadeln Nr. 6,5 oder andere Stärke gemäß Maschenprobe
Rundstricknadel Nr. 5,5; 60 cm lang

Maschenprobe: 14 M mit Nd Nr. 6,5 glatt re gestrickt = 10 cm

Zubehör: 5 Knöpfe (ca. 20 mm Durchmesser), 2 Maschenraffer

abh = abheben ◆ **abk** = abketten ◆ **anschl** = anschlagen ◆ **Fb** = Farbe ◆ **li** = links/linke ◆ **M** = Masche ◆ **2 M re zus-str** = 2 Maschen rechts zusammenstricken ◆ **2 M re verschr zus-str** = 2 M rechts verschränkt zusammenstricken ◆ **str** = stricken ◆ **re** = rechts/rechte ◆ **R** = Reihe ◆ **WM** = Wabenmuster ◆ **zun** = zunehmen

Wabenmuster

(über 4 M, 1 Mustersatz = 4 Reihen)

So stricken Sie das Wabenmuster (WM):

1. Reihe: Erst die 2. Masche re str, aber auf der linken Nd lassen (Schritt 1); die 1. Masche re str, beide M von der Nd gleiten lassen (Schritt 2). Die 4. M re verschr str, aber auf der Nd lassen (Schritt 3); die 3. Masche re str, beide M von der Nd gleiten lassen (Schritt 4).

2. und 4. Reihe: Links str.

3. Reihe: Die 2. Masche re verschr str, aber auf der Nd lassen; die 1. Masche re str, beide M von der Nd gleiten lassen. Die 4. M re str, aber auf der Nd lassen; die 3. M re str, beide M von der Nd gleiten lassen.

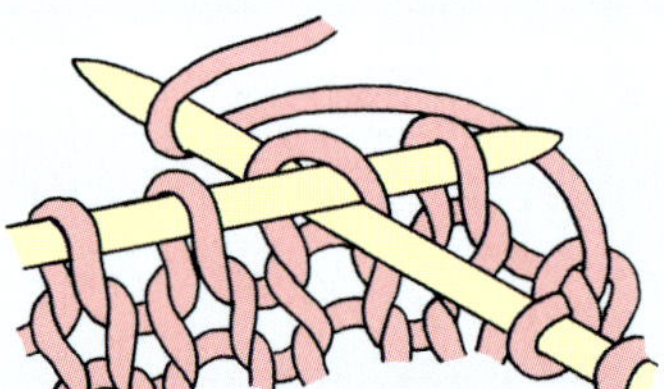

Schritt 1

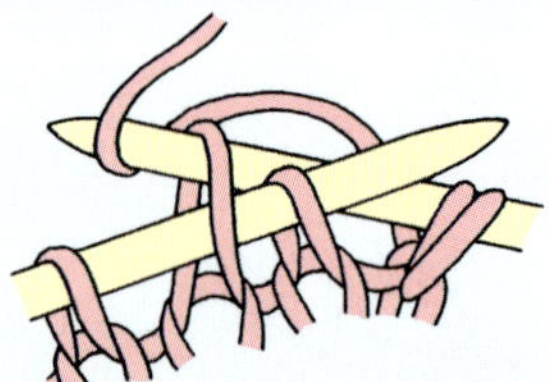

Schritt 3

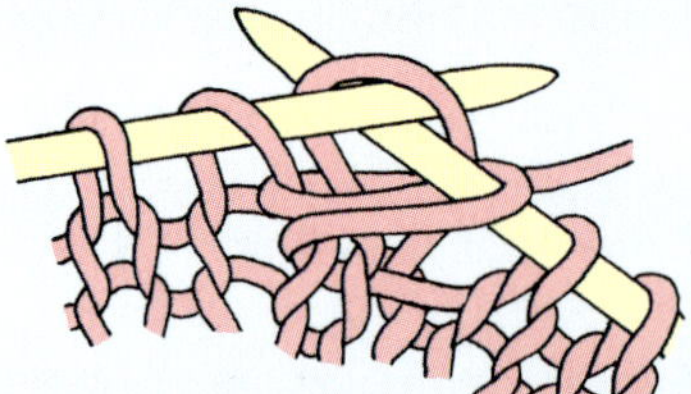

Schritt 2

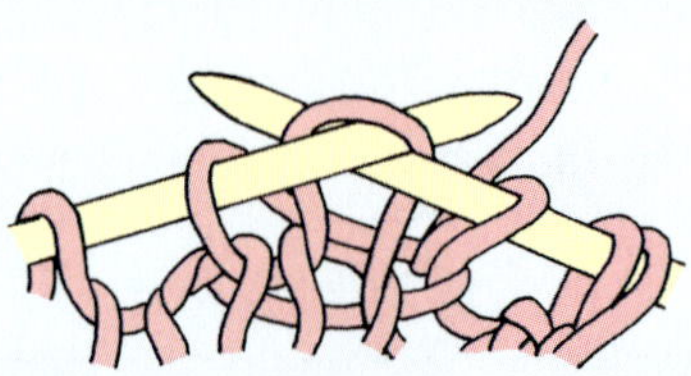

Schritt 4

RÜCKENTEIL

In Fb A 54 M mit Nd Nr. 6,5 anschl.

1. Reihe: 1 M zun, 5 M re, 1 M li, 4 M im Wabenmuster (WM, siehe Seite 28), 1 M li, 30 M re, 1 M li, 4 M im Wabenmuster (WM), 1 M li, 4 M re, 1 M zun, 1 M re (= 56 M).

2. Reihe: 7 M li, 1 M re, WM, 1 M re, 30 M li, 1 M re, WM, 1 M re, 7 M li.

3. Reihe: 1 M zun, 6 M re, 1 M li, WM, 1 M li, 30 M re, 1 M li, WM, 1 M li, 5 M re, 1 M zun, 1 M re (= 58 M).

4. Reihe: 8 M li, 1 M re, WM, 1 M re, 30 M li, 1 M re, WM, 1 M re, 8 M li.

Im so eingeteilten Muster weiterstr, dabei in jeder ungeraden Reihe 2 M zun wie oben, bis Sie 64 M auf der Nadel haben.

Im Muster gerade weiterstr bis zu einer Gesamthöhe von 9 cm.

Nächste Hinreihe: 2 M re verschr zus-str, im Muster weiterstr; enden mit 2 M re zus-str (= 62 M).

Im Muster weiterstr bis zu einer Gesamthöhe von 15 cm.

Nächste Hinreihe: 2 M re verschr zus-str, im Muster weiterstr; enden mit 2 M re zus-str (= 60 M).

SCHLITZ FÜR DEN GURT DES KINDERSITZES

Hinweis: Wenn Sie den Gurtschlitz weglassen möchten, überspringen Sie einfach die folgende Anleitung für die kraus gestrickte Blende und die Abnahmen für den Schlitz und fahren im eingeteilten Muster fort; in 23 cm Höhe nehmen Sie am Beginn und Ende der Reihe je 1 M ab wie zuvor. Für die Klappen des Gurtschlitzes siehe Anleitung auf Seite 31.

Im Muster gerade weiterstr bis zu einer Höhe von 18 cm.

Für die kraus gestrickte Blende des Gurtschlitzes in den nächsten 3 *Rückreihen* 25 M li, 10 M re, 25 M li arbeiten.

Nächste Hinreihe: Die mittleren 6 M abk für den Gurtschlitz.

Nächste Rückreihe: Im eingeteilten Muster bis zum Schlitz str; von den Klappen-M auf dem Maschenraffer 2 M re zus-str, 4 M re, 2 M re zus-str; im Muster weiterstr bis Reihenende.

Nächste Hinreihe: 2 M re verschr zus-str, im Muster weiterstr; enden mit 2 M re zus-str (= 58 M).

Die Blende um den Gurtschlitz fertig stellen wie folgt: In den nächsten 2 *Rückreihen* 24 M li, 10 M re, 24 M li str.

Im Muster gerade weiterstr bis zu einer Höhe von 28 cm.

Nächste Hinreihe: 2 M re verschr zus-str, im Muster weiterstr; enden mit 2 M re zus-str (= 56 M).

Im Muster gerade weiterstr bis zu einer Höhe von 48 cm.

Nächste 2 Reihen: Am Beginn jeder Reihe als Markierung für die Armlöcher 1 M abk (= 54 M).

Im Muster gerade weiterstr bis zu einer Armausschnitthöhe von 12,5 cm.

Nächste Reihe: 18 M im Muster str, die mittleren 18 M für den Halsausschnitt abk, im Muster bis zum Reihenende str.

In den nächsten beiden Reihen von außen nach innen die verbliebenen Schultermaschen abk.

VORDERTEIL

54 M in Farbe A mit Nd Nr. 6,5 anschl. Wie das Rückenteil str bis zu den letzten kraus gestrickten Reihen oberhalb des Gurtschlitzes (= 58 M).

Nächste Reihe: Die mittleren 2 M für die Ausschnittöffnung abk (= 56 M; je 28 M pro Seite).

Beide Seiten getrennt – aber gleich wie das Rückenteil – weiterstr bis zu einer Höhe von 53 cm (= 52 M; je 26 M pro Seite).

Nächste 2 Reihen: Am Halsausschnittrand je 3 M abk (= 46 M; je 23 M pro Seite).

Nächste 2 Reihen: Am Halsausschnittrand je 2 M abk (= 42 M; je 21 M pro Seite).

Nächste 6 Reihen: Am Halsausschnittrand je 1 M abk (= 36 M; je 18 M pro Seite).

Gerade weiterstr, bis das Vorderteil die gleiche Gesamthöhe erreicht wie das Rückenteil.

Nächste 2 Reihen: Verbliebene Schultermaschen von außen nach innen abk.

ÄRMEL

Hinweis: Die Strickanleitung gilt für einen Ärmel. Den zweiten Ärmel ebenso stricken.

In Fb A mit Nd Nr. 6,5 rund um den Armausschnitt 38 M aufnehmen und rechts abstricken.

1. Reihe: Li M str.

2. Reihe: Re M str.

Glatt re weiterstr bis zu einer Ärmelhöhe von 4 cm.

Gurtschlitz

Dieser kleine Schlitz mit Innenklappe im Vorder- und Rückenteil ist praktisch für das Angurten des Babys im Kindersitz. Die Klappe hält kalte Luft draußen. Die kraus gestrickte Blende rund um den Schlitz sieht dekorativ aus und kann auch in einer der Kontrastfarben gestrickt werden. Wenn Sie die Maschen der Blende glatt rechts statt im Krausmuster stricken, fügt sich der Schlitz unauffällig in das Maschenbild ein.

Klappen für die Schlitze

Sowohl die Gurtschlitze als auch die Klappen können nach Belieben gestrickt oder weggelassen werden.
Zwei gleiche Klappen nach der Anleitung unten stricken.

In Fb A 8 M mit Nd Nr. 6,5 anschl.
1. – 10. Reihe: Re str.
Alle M auf einen Maschenraffer legen.

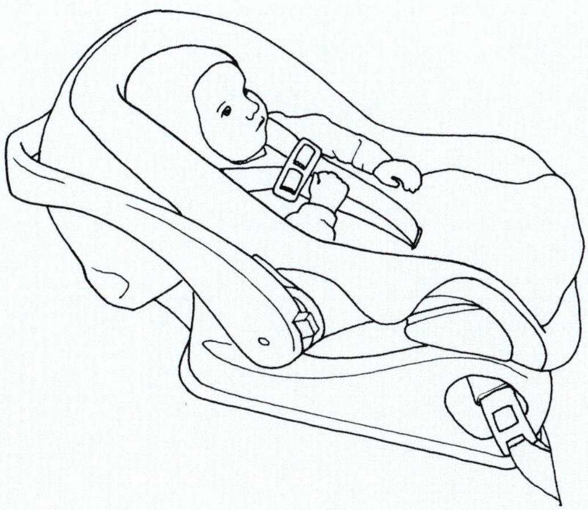

Nächste Reihe: 2 M re verschr zus-str, re weiterstr; enden mit 2 M re zus-str (= 36 M).
Glatt re weiterstr bis zu einer Ärmelhöhe von 7 cm.
Nächste Hinreihe: 2 M re verschr zus-str, re weiterstr; enden mit 2 M re zus-str (= 34 M).
Glatt re weiterstr bis zu einer Ärmelhöhe von 10 cm.
Nächste Hinreihe: 2 M re verschr. zus-str, re weiterstr; enden mit 2 M re zus-str (= 32 M).
Glatt re weiterstr bis zu einer Ärmelhöhe von 14 cm.
Nächste Hinreihe: Zu Fb C wechseln und 4 Reihen kraus re str (alle R re str).
Nächste Reihe: Zu Fb B wechseln und 2 Reihen kraus re str.
Nächste Reihe: Zu Fb A wechseln und bis R-Ende re str.
Nächste Reihe: 2 M re zus-str; *2 M re zus-str, 1 M re; ab * fortlfd wdh; enden mit 2 x 2 M re zus-str (= 20 M).

Nächste Reihe: Weiterstr mit Nd Nr. 4,5 und über 6,5 cm im Rippenmuster 1 M re, 1 M li str. Alle M locker abketten.

KAPUZE
Mit Nd Nr. 6,5 in Farbe A 60 M anschl.
1. Reihe: Re M str.
2. Reihe: Li M str.
Gerade glatt re weiterstr bis zu einer Kapuzenhöhe von 4 cm.
Nächste Reihe: 1 M zun, re weiterstr; enden mit 1 M zun, 1 M re (= 62 M).
Gerade weiterstr bis zu einer Kapuzenhöhe von 7,5 cm.
Nächste Reihe: 1 M zun, re weiterstr; enden mit 1 M zun, 1 M re (= 64 M).
Gerade weiterstr bis zu einer Kapuzenhöhe von 11,5 cm.
Nächste Reihe: 1 M zun, re weiterstr; enden mit 1 M zun, 1 M re (= 66 M).

Gerade weiterstr bis zu einer Kapuzenhöhe von 15,5 cm.

Nächste Reihe: 5 M re, *2 M re zus-str, 9 M re; ab * wdh; enden mit 2 M re zus-str, 4 M re (= 60 M). Alle M auf einem Maschenraffer stilllegen.

ZUSAMMENNÄHEN DES WAGENSACKS

Vorder- und Rückenteil an den Schultern rechts auf rechts zusammennähen.

Kapuze in der Mitte zusammenfalten und an der Anschlagkante rechts auf rechts zusammennähen (= Mittelnaht oben).

Seitenteile der Kapuze an den Halsausschnitt nähen; die Maschen für den vorderen Rand der Kapuze auf dem Maschenraffer liegen lassen.

BLENDE

Mit Rundstrick-Nd Nr. 5,5 in Fb B, beginnend am Unterrand der Ausschnittkante am rechten Vorderteil, insgesamt 180 M aufnehmen und rechts str wie folgt:

60 M aus der rechten Ausschnittkante

60 M aus der Kapuze

60 M aus der linken Ausschnittkante.

1. Reihe: Re str.

2. Reihe: Zu Fb C wechseln und re str bis R-Ende.

3. Reihe: Re str.

Die Stellen für die 5 Knopflöcher in gleichmäßigen Abständen auf der Vorderseite der Blende mit Stecknadeln markieren: das erste Knopfloch 2,5 cm vom unteren Schlitzrand entfernt, das fünfte 2,5 cm unterhalb des Halsausschnitts.

4. Reihe: Re str bis R-Ende, für jedes Knopfloch dabei 1 M abk.

5. Reihe: Re str bis R-Ende, dabei an der Stelle der abgeketteten M je 1 M neu anschl.

6. Reihe: Re str bis R-Ende. Mit mittlerer Fadenspannung alle M abk.

FERTIGSTELLUNG

Untere Naht, Seiten- und Ärmelnähte schließen und Klappen an die Innenseite der Schlitze heften. Faden abschneiden und vernähen. Knöpfe annähen.

Decke von Ecke zu Ecke

Klassisches Deckenmodell, adaptiert von Gwen Steege

Im schützenden Kokon seiner kuscheligen Decke fühlt sich jedes Baby rundum wohl. Diese diagonal gestrickte Babydecke ist durch das Krausrippenmuster besonders dehnbar und nicht nur leicht, sondern auch vergnüglich zu stricken: Mit einer einzigen Masche fängt alles an! Der Trick heißt „1 U", also ein Umschlag, der sowohl die Deckenform als die Randverzierung ergibt. Die Decke kann entweder aus waschbarer Merinowolle (Foto rechts) oder aus Baumwollgarn gestrickt werden.

Größe: 76 x 76 cm

Wollgarn mittlerer Stärke (Foto):
ca. 350 g *Gem's* (100 % reine Merinowolle, waschbar) in Himbeer
Stricknadeln für das Wollgarn: Rundstricknadel Nr. 3,5, 60 cm lang, oder andere Stärke gemäß Maschenprobe
Maschenprobe: 22 M mit Nd Nr. 3,5 kraus re gestrickt = 10 cm

Baumwollgarn:
ca. 350 g *Bernat's Cottontots* (100 % Baumwolle)
Stricknadeln für das Baumwollgarn: Rundstricknadel Nr. 4,5, 60 cm lang, oder andere Stärke gemäß Maschenprobe
Maschenprobe: 20 M mit Nd Nr. 4,5 kraus re gestrickt = 10 cm

Zubehör: Wollnadel mit stumpfer Spitze

anschl = anschlagen ◆ **M** = Masche(n) ◆ **2 M re zus-str** = 2 Maschen rechts zusammenstricken ◆ **li** = links/linke ◆ **re** = rechts/rechte ◆ **R** = Reihe(n) ◆ **str** = stricken ◆ **U** = Umschlag ◆ **wdh** = wiederholen ◆ **zun** = zunehmen

Zunahme mit Umschlag

Zusätzliche Maschen können auf verschiedene Weise zugenommen werden. Zwei Methoden haben Sie auf Seite 14/15 bereits kennen gelernt: das Herausstricken von 2 Maschen aus einer einzigen und die Zunahme aus dem Querfaden.

Für die „Decke von Ecke zu Ecke" brauchen Sie eine dritte Technik: die Zunahme mit einem Umschlag. „1 U" bedeutet, dass der Faden von vorn nach hinten über die Nadel gelegt und in der nächsten Reihe oder Runde als neue Masche abgestrickt wird. Strickt man den Umschlag wie gewohnt rechts oder links ab, entsteht an dieser Stelle ein kleines Loch. Um das zu verhindern, muss man den Umschlag verschränkt abstricken. Hier jedoch sind die Löchlein Teil des Musters.

ZUNAHMEN AUS DER UNTEREN ECKE	WOLLGARN	BAUMWOLLE
1 M anschl. Nach der Anschlag-M und nach jeder folgenden R wenden.		
1. Reihe: 1 re M zun durch Herausstr (siehe Seite 14). M-Zahl:	2 M	2 M
2. – 5. Reihe: 1 re M zun wie oben, re M str bis R-Ende. M-Zahl am Ende der 5. Reihe:	6 M	6 M
6. Reihe: 3 M re, 1 U, re M str bis R-Ende. M-Zahl:	7 M	7 M
Die 6. Reihe (= Zunahme-R) stets wdh, dabei jeweils den U der Vorreihe als 1 re M abstr, bis zum Erreichen der M-Zahl:	190 M	170 M
ABNAHMEN ZUR OBEREN ECKE		
1. Reihe: 3 M re, 1 U, 2 M re zus-str, re M str bis R-Ende.		
2. Reihe: 3 M re, 1 U, 2 M re zus-str; re M weiterstr; enden mit 2 M re zus-str, 2 M re. M-Zahl: **Hinweis:** Am R-Ende 2 M re zus-str heißt, dass Sie 1 U der Vorreihe mit 1 M des Randstreifens zusammenstricken.	189 M	169 M
Die 2. Reihe (= Abnahme-R) wdh bis zur M-Zahl:	6 M	6 M
Nächste Reihe: 2 M re, 2 M re zus-str, 2 M re. M-Zahl:	5 M	5 M
Nächste Reihe: 2 M re, 2 M re zus-str, 1 M re. M-Zahl:	4 M	4 M
Nächste Reihe: 1 M re, 2 M re zus-str, 1 M re. M-Zahl:	3 M	3 M
Nächste Reihe: 1 M re, 2 M re zus-str. M-Zahl:	2 M	2 M
Nächste Reihe: 2 M re zus-str. Rest-M abketten.		
Faden mindestens 8 cm lang abschneiden; Fadenenden nicht kürzer vernähen, weil sich diese Decke sehr stark dehnt und sich die Fäden sonst leicht lösen.		

Safari-Parade

Modell von Barbara Telford, Woodsmoke Woolworks

Giraffen, Elefanten und Strauße bevölkern diese aus vier identischen Dreiecken zusammengesetzte Decke und vermitteln ein echtes Safari-Erlebnis. Gestrickt wird in Runden vom Mittelpunkt nach außen, zuerst mit einem Nadelspiel, dann mit der Rundstricknadel, und zwar in Intarsientechnik (siehe Seite 20/21). Das farbige Einstrickmuster wirkt zwar anspruchsvoll, wird aber durchwegs glatt rechts gestrickt.

Größe: 98 x 98 cm

Garn: *Briggs & Little Regal* (100 % Wolle; mittlere Garnstärke) in folgenden Längen und Farben:

ca. 150 g in Dunkelblau (Fb A)
ca. 250 g in Hellblau (Fb B)
ca. 250 g in Hellgrün (Fb C)
ca. 150 g in Dunkelgrün (Fb D)
Rest in Weiß (Fb E)
ca. 50 g in Kohlschwarz (Fb F)
ca. 150 g in Grau (Fb G)
ca. 150 g in Dunkelbraun (Fb H)
ca. 150 g in Gelb (Fb I)

Stricknadeln: 5 Rundstricknadeln Nr. 4,5, so lang wie möglich, oder andere Stärke gemäß Maschenprobe

5 Nadelspiele Nr. 4,5 oder wie oben

Maschenprobe: 20 M mit Nd Nr. 4,5 glatt re gestrickt = 10 cm

Zubehör: Wollnadel mit stumpfer Spitze; Markierungsringe

abh = abheben ◆ **abk** = abketten ◆ **anschl** = anschlagen ◆ **Fb** = Farbe ◆ **li** = links/linke ◆ **M** = Masche(n) ◆ **R** = Reihe(n) ◆ **Rd** = Runde(n) ◆ **re** = rechts/rechte ◆ **ZM** = Zählmuster ◆ **zun** = zunehmen

BEGINN DES MITTELTEILS

4 M mit Nd Nr. 4,5 in Farbe A anschl. Die Farbfolge dafür den Innenteil-Zählmustern A und B (siehe Seite 41/42) entnehmen. Siehe auch unter „Freude an Farben“ (Seite 19 – 21) und „Zunahmen“ (Seite 14).

1. Reihe: Aus jeder M 1 li M zun (= 8 M). (Zählmuster Innenteil, Zeile 1)

2. Reihe: Aus jeder M 1 re M zun (= 16 M).

3. Reihe: *1 li M zun, 2 M li, 1 li M zun; ab * fortlfd wdh bis R-Ende (= 24 M).

IN RUNDEN STRICKEN

Die 24 M gleichmäßig auf 4 Nd eines Nadelspiels verteilen (= 6 M pro Nd) und in Runden weiterstr. Die 1. M auf jeder Nd ist die Eck-M. Die Zunahme am R-Beginn wird immer in die M *nach* der Eck-M gearbeitet. Jede Eck-M in derselben Farbe wie die M daneben str. Die Zählmuster (ZM) A und B Mitte (siehe Seite 41/42) werden auf jeder Nadel wiederholt. Die ersten 3 M auf jeder Nadel entsprechen der Zeile 3 im Zählmuster A Mitte, die letzten 3 M denen der Zeile 3 im ZM B Mitte.
(Siehe auch „Anordnung der Zählmuster“ auf Seite 47.)

1. Runde: Re M str. (Zeile 4 der Zählmuster A und B Mitte).

2. Runde: Nach den Zählmustern A und B Mitte str: 1 M re, 1 re M zun, re M weiterstr; enden mit 1 re M zun (= 8 M pro Nadel).

3. Runde: 1 M re, 1 re M zun, re M weiterstr; enden mit 1 re M zun (= 10 M pro Nadel).

4. Runde: 1 M re, 1 re M zun, re M weiterstr; enden mit 1 re M zun (= 12 M pro Nadel).

Nach den ZM A und B Mitte die 1. – 4. Runde stets wdh, dabei je 1 M zun am Beginn und am Ende jeder Nd. Sobald nötig, zu 4 Rundstricknadeln wechseln. Wenn die ZM A und B Mitte fertig gestrickt sind (Zeile 63; 96 M auf jeder Nd), mit Zeile 64 der ZM C bis F (Seite 43 – 46) beginnen: 5 M des ZM C Ecke; 44 M des ZM D Rand, 44 M des ZM E Rand und 3 M des ZM F Ecke auf jeder Nadel. Nach ZM und mit den Zunahmen wie oben weiterstr bis zur M-Zahl 172 auf jeder Nd (Zeile 113 der ZM).

Letzte 2 Runden: Locker in Rippen 1 M re, 1 M li str, dabei wie zuvor je 1 re M zun am Beginn und Ende jeder Nd.

Im Rippenmuster abk (über einer li M die M rechts abk und über einer re M links abk).

SAFARI-PARADE
ZÄHLMUSTER A MITTE

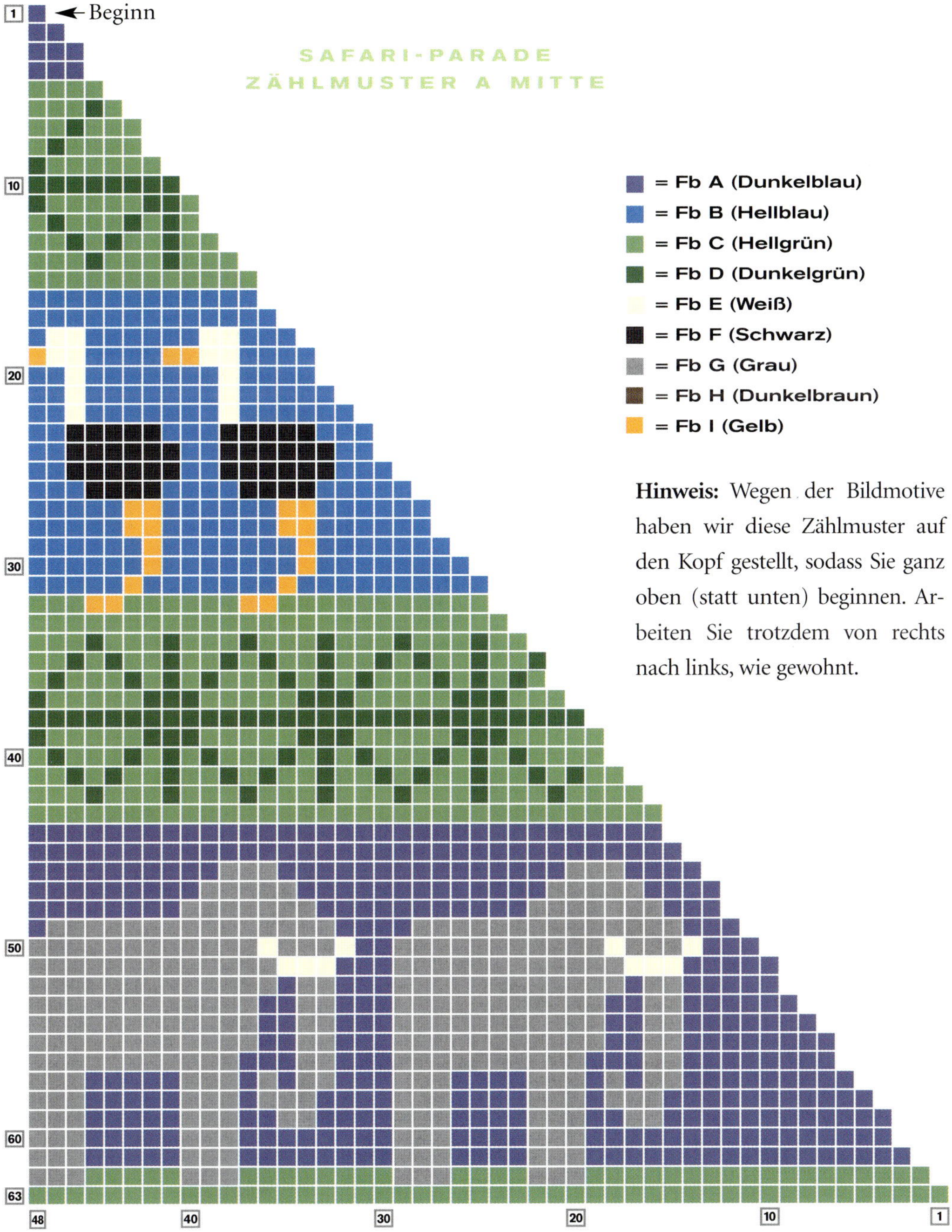

- = Fb A (Dunkelblau)
- = Fb B (Hellblau)
- = Fb C (Hellgrün)
- = Fb D (Dunkelgrün)
- = Fb E (Weiß)
- = Fb F (Schwarz)
- = Fb G (Grau)
- = Fb H (Dunkelbraun)
- = Fb I (Gelb)

Hinweis: Wegen der Bildmotive haben wir diese Zählmuster auf den Kopf gestellt, sodass Sie ganz oben (statt unten) beginnen. Arbeiten Sie trotzdem von rechts nach links, wie gewohnt.

SAFARI-PARADE
ZÄHLMUSTER B MITTE

- = Fb A (Dunkelblau)
- = Fb B (Hellblau)
- = Fb C (Hellgrün)
- = Fb D (Dunkelgrün)
- = Fb E (Weiß)
- = Fb F (Schwarz)
- = Fb G (Grau)
- = Fb H (Dunkelbraun)
- = Fb I (Gelb)

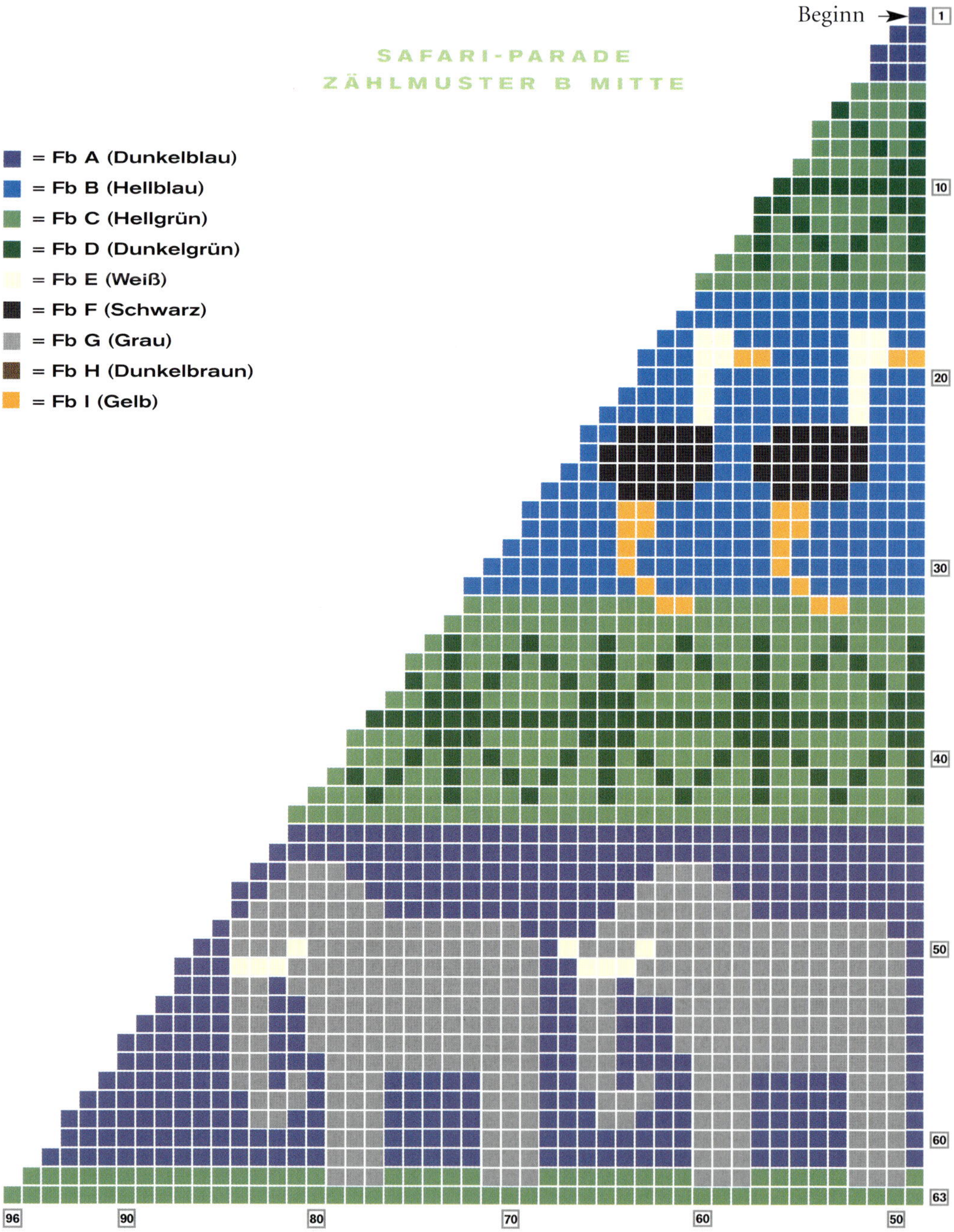

SAFARI-PARADE
ZÄHLMUSTER C ECKE

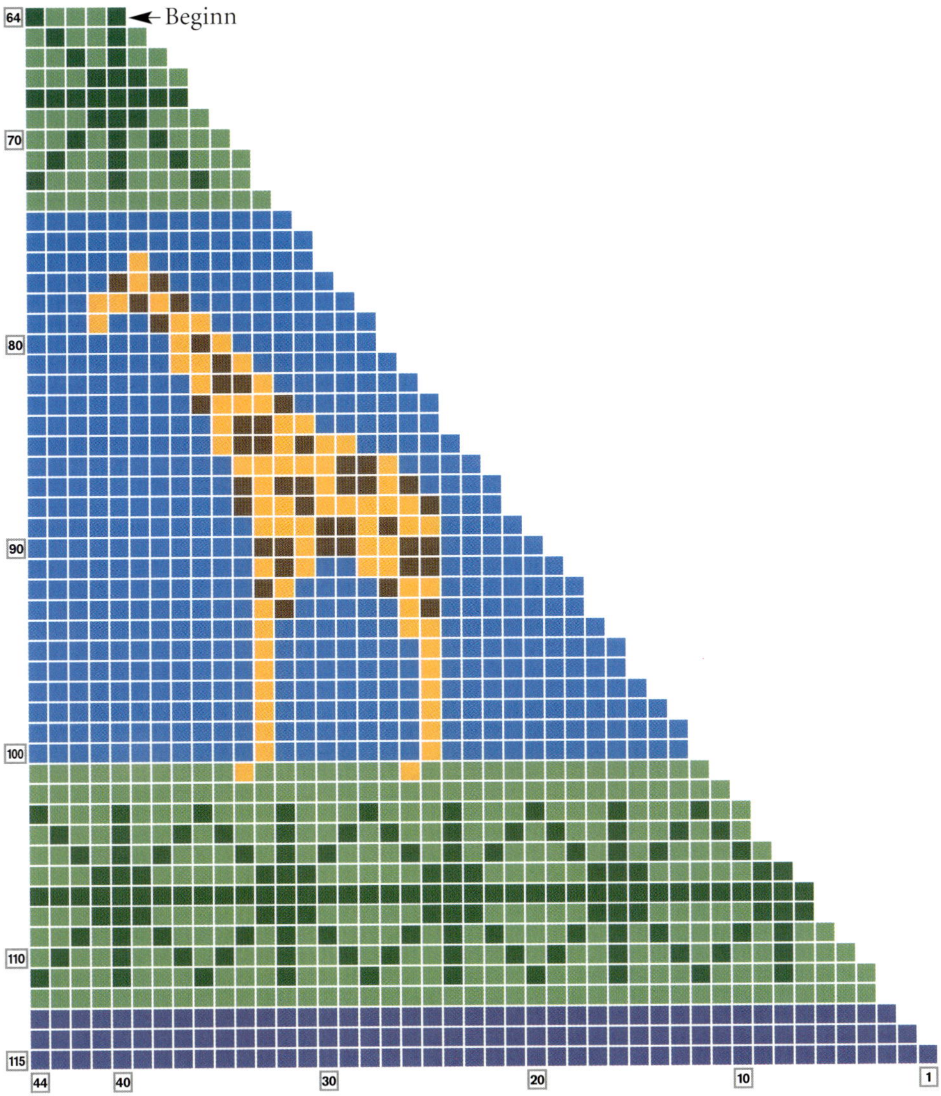

SAFARI-PARADE
ZÄHLMUSTER D RAND

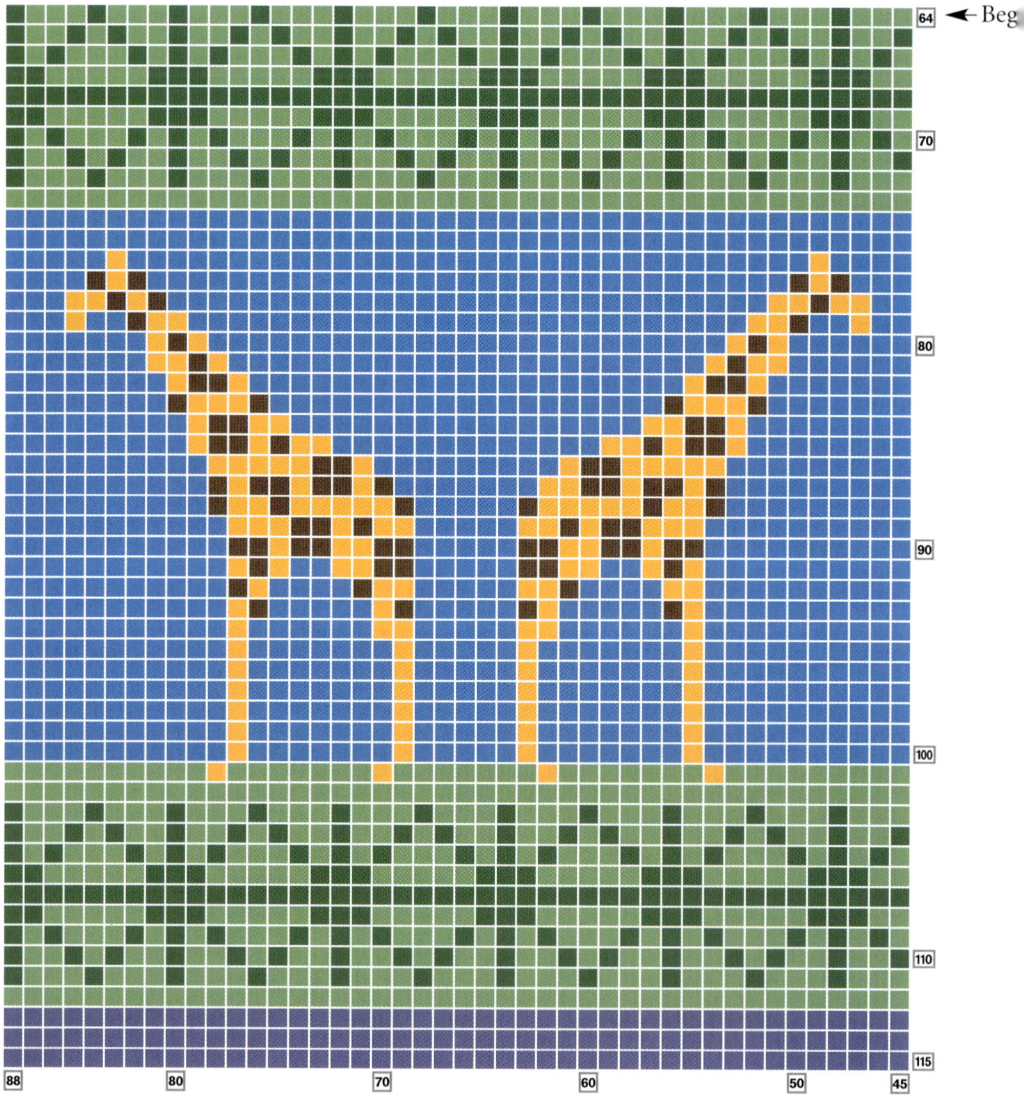

SAFARI-PARADE
ZÄHLMUSTER E RAND

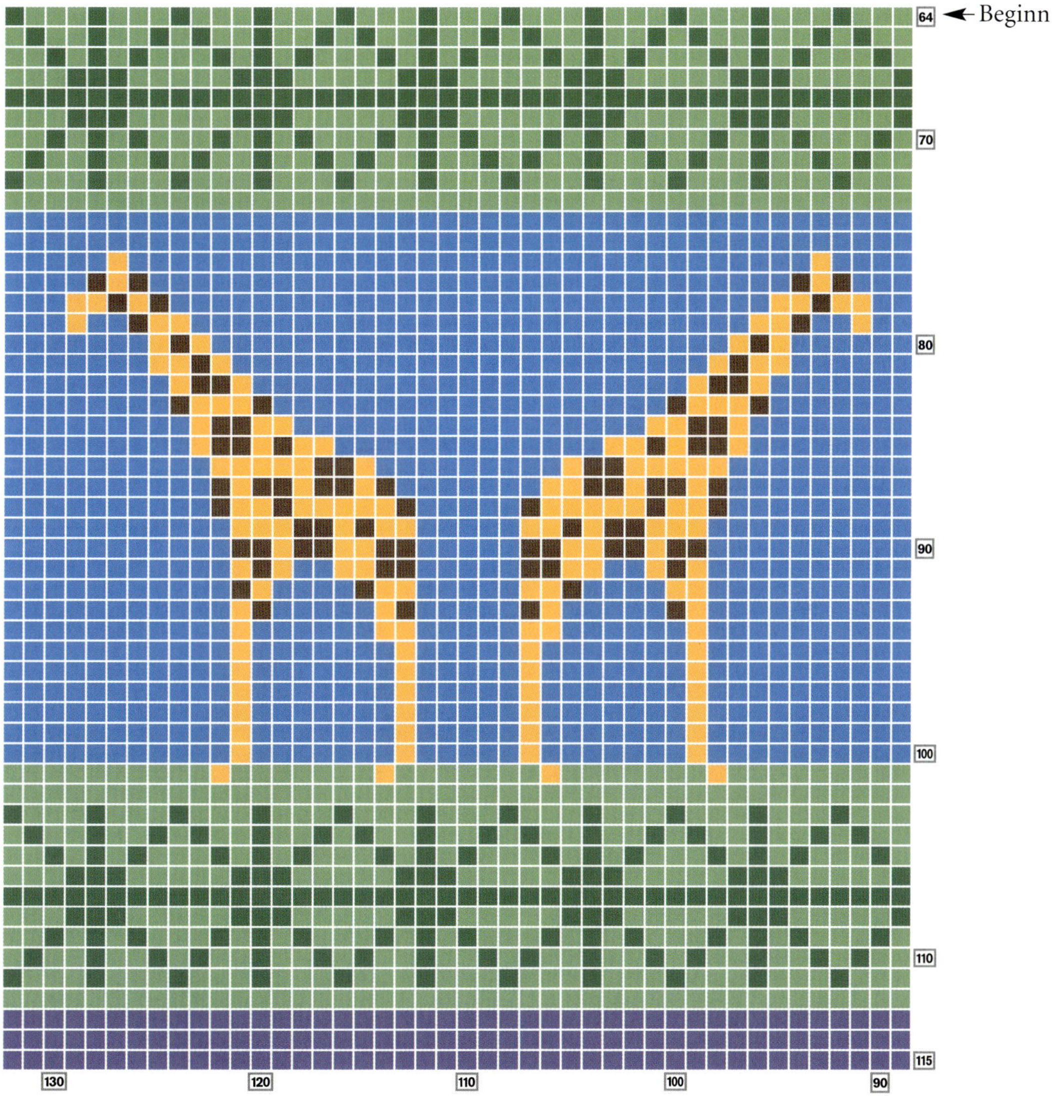

SAFARI-PARADE
ZÄHLMUSTER F ECKE

- = Fb A (Dunkelblau)
- = Fb B (Hellblau)
- = Fb C (Hellgrün)
- = Fb D (Dunkelgrün)
- = Fb E (Weiß)
- = Fb F (Schwarz)
- = Fb G (Grau)
- = Fb H (Dunkelbraun)
- = Fb I (Gelb)

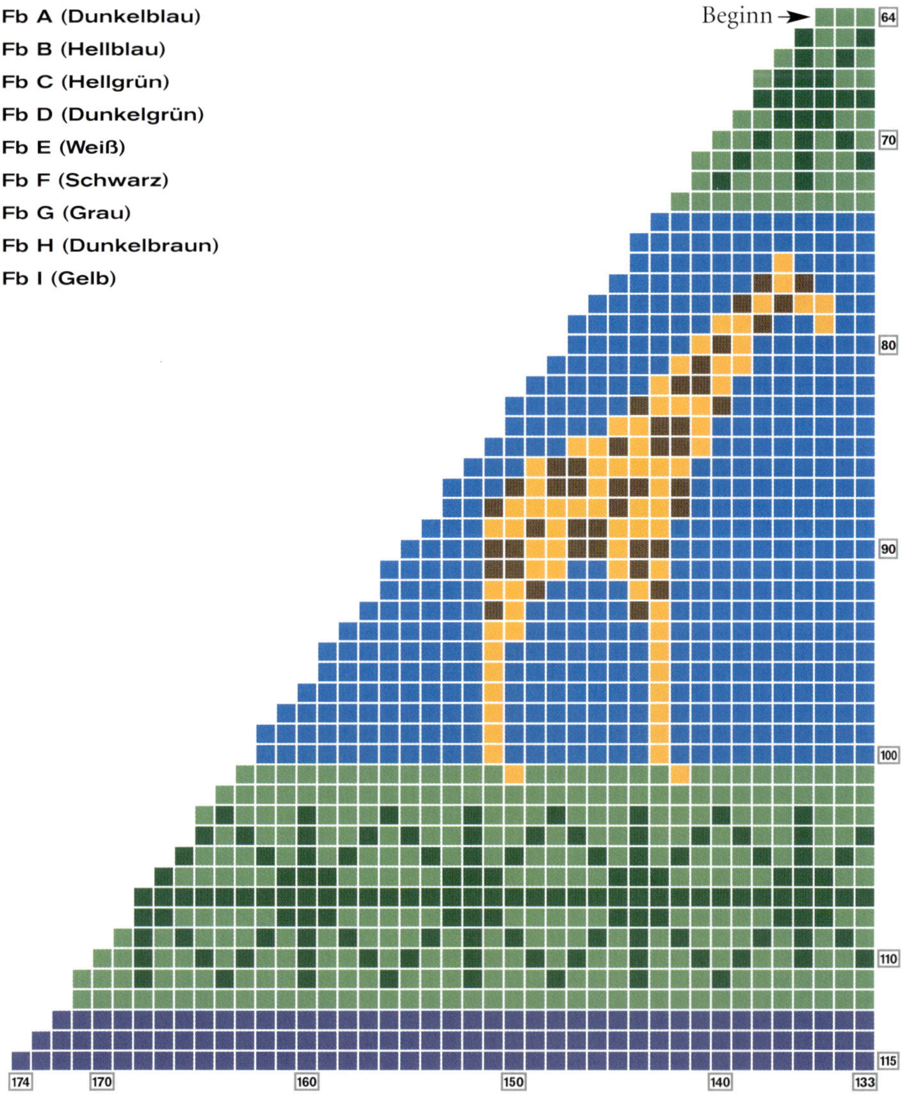

SAFARI-PARADE
ANORDNUNG DER ZÄHLMUSTER

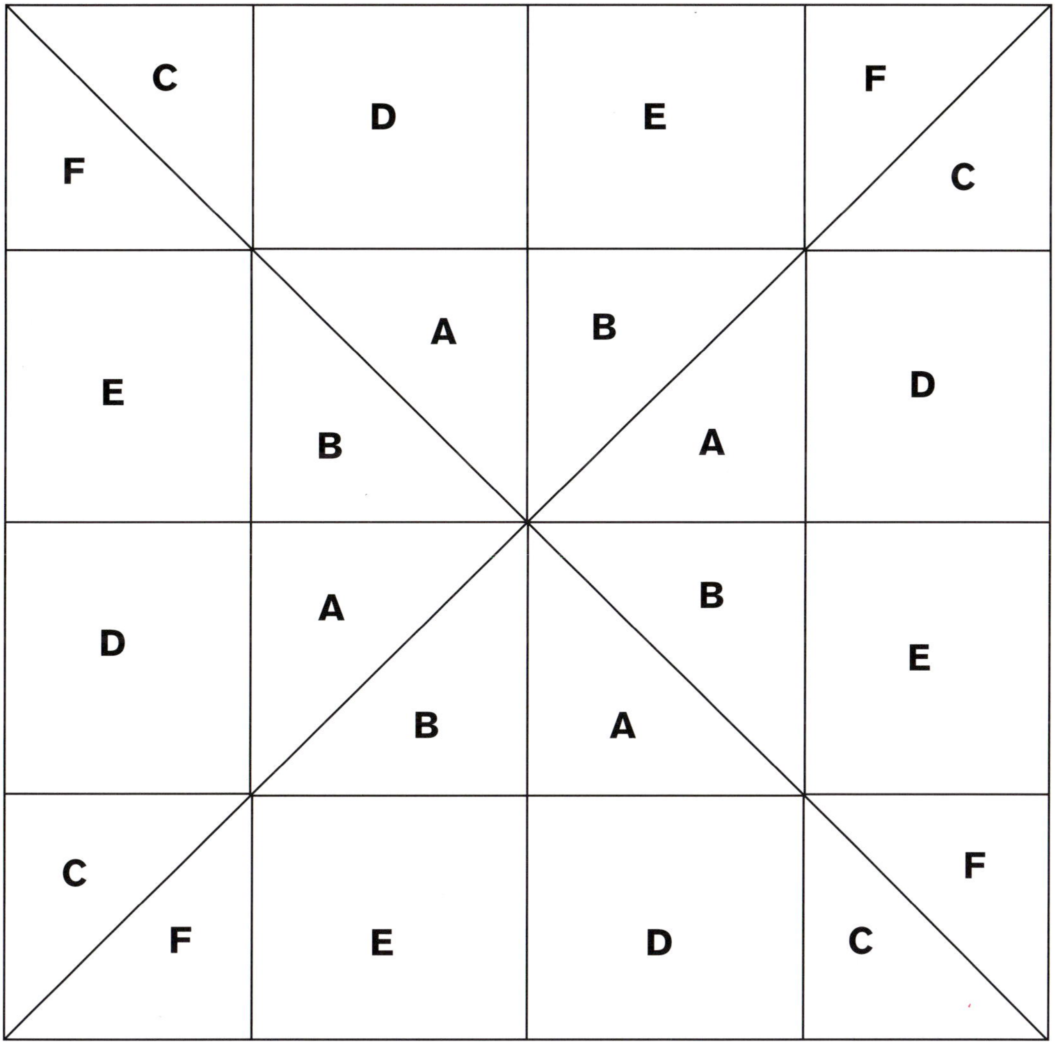

Bauklötze

Modell von Ruth Fresia, Williamstown, MA

Ursprünglich verwendeten die Amish People dieses Muster „Tumbling Blocks" für Quiltdecken. Inzwischen sind die dreidimensionalen Würfel mit der je nach Blickwinkel wechselnden Neigungsrichtung auch als Strickmuster sehr beliebt. Sie können die rautenförmigen Flächen in den verschiedenen Farben einzeln stricken und zusammennähen oder in Intarsientechnik Reihen mit Farbwechseln stricken. Die Anleitung beschreibt das Stricken in Intarsientechnik mit bis zu zwanzig Fadensträngen in einer Reihe.

Größe: 75 x 80 cm

Garn: *Brown Sheep Lamb's Pride Superwash* (100 % Wolle; Garn mittlerer Stärke) in folgenden Mengen und Farben

ca. 200 g in Safrangelb (Fb A)

ca. 150 g in Saphirblau (Fb B)

ca. 150 g in Türkis (Fb C)

Stricknadeln: 1 Rundstricknadel Nr. 4,5, 80 cm lang, oder andere Stärke gemäß Maschenprobe

Maschenprobe: 20 M mit Nd Nr. 4,5 glatt re gestrickt = 10 cm

Zubehör: Wollnadel mit stumpfer Spitze; 20 Garnspulen

abh = abheben ◆ **abk** = abketten ◆ **glatt re** = glatt rechts ◆ **Hin-R** = Hinreihe ◆ **li** = links/linke ◆ **M** = Masche(n) ◆ **R** = Reihe(n) ◆ **re** = rechts/rechte ◆ **Rück-R** = Rückreihe ◆ **ZM** = Zählmuster

UNTERER RANDSTREIFEN

136 M in Fb A mit der Rundstricknadel Nr. 4,5 anschlagen.

1. – 11. Reihe: 1 M abh. Re M str bis R-Ende (alle Hin- und Rück-R re str = kraus re). Am Ende der 11. R haben Sie 6 Krausrippen.

WÜRFELMUSTERFELD DER DECKE

Hinweis: Ein 8 M breiter, kraus rechts gestrickter Streifen umrandet das Würfelmuster auf der Vorder- und Rückseite der Decke. Das Würfelmusterfeld wird glatt rechts nach dem Zählmuster auf Seite 51 gestrickt. Der Mustersatz über 20 M und über 62 Reihen wird in der Breite 6 x, in der Höhe 3 x gearbeitet. Beginnen Sie in der Ecke rechts unten und arbeiten Sie in den Hin-R von rechts nach links und in den links gestrickten Rück-R von links nach rechts. Das mehrfarbige Würfelfeld wird in Intarsientechnik gearbeitet. Bei jedem Farbwechsel den neuen Faden mit dem alten verkreuzen, bevor die alte Farbe nach hinten gelegt wird; alle Verkreuzungen müssen auf der Rückseite der Decke liegen. Vor dem Musterbeginn sollten Sie sich 8 Garnspulen mit Fb A und je 6 Spulen mit Fb B und Fb C bereitlegen. (Zur Intarsientechnik siehe auch „Freude an Farben" auf den Seiten 19 – 21).

1. Reihe (Hin-R): Mit Fb A str wie folgt: 1 M abh, 7 M re, 120 M re im Intarsienmuster (ZM auf Seite 51, beginnend mit Zeile 1 rechts unten), 8 M re in Fb A.

2. Reihe (Rück-R): In Fb A 1 M abh, 7 M re, 120 M li im Intarsienmuster (ZM, 2. Zeile von links nach rechts; an den angegebenen Stellen des ZM zu Fb B und danach wieder zu Fb A wechseln), enden mit 8 M re in Fb A.

3. Reihe (Hin-R): 1 M abh, 7 M re, 120 M re im Intarsienmuster (Zeile 3 des ZM von re nach li mit den angegebenen Farbwechseln zu Fb B und C), enden mit 8 M re in Fb A.

4. Reihe (Rück-R): In Fb A 1 M abh, 7 M re, 120 M li im Intarsienmuster (Zeile 4 des ZM von li nach re), enden mit 8 M re in Fb A.

Nächste Reihen: Mit einem Rand über 8 M in Fb A nach dem ZM weiterstr, bis der Mustersatz über 62 R das dritte Mal vollständig wiederholt ist.

OBERER RANDSTREIFEN

198. Reihe (Hin-R): Mit Fb A 1 M abh, re M str bis R-Ende.

199. – 208. Reihe: 1 M abh, re M str bis R-Ende. Am Ende der 208. R haben Sie 6 Krausrippen.

Alle M abk. Fäden auf der Rückseite vernähen. Decke spannen und dämpfen.

ZÄHLMUSTER FÜR DAS WÜRFELFELD

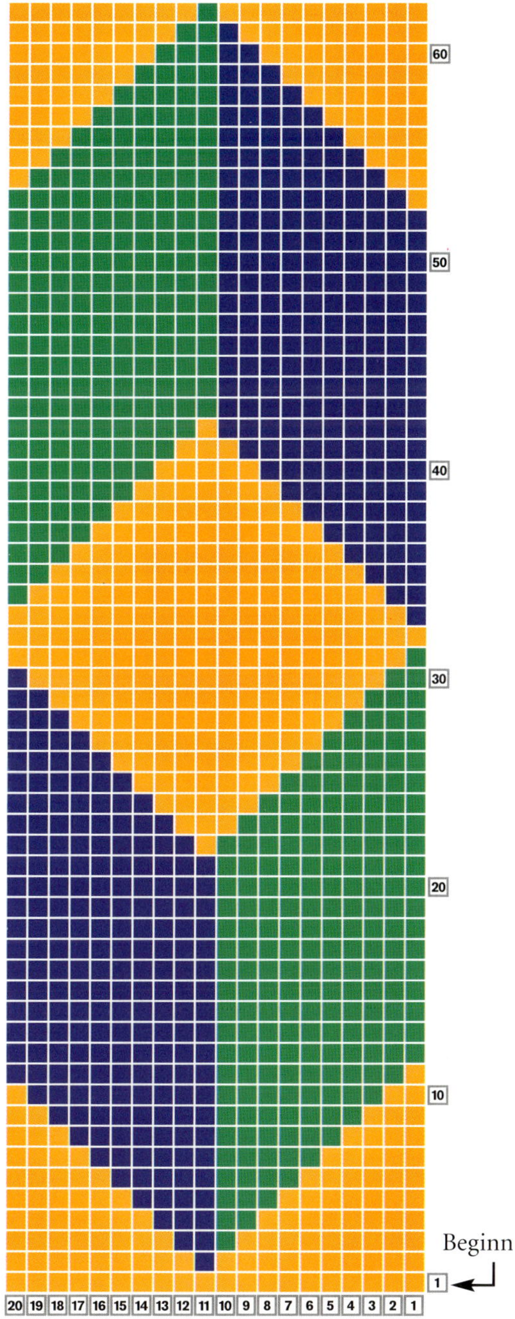

- = Safran (Fb A)
- = Saphirblau (Fb B)
- = Türkis (Fb C)

Hinweis: Auf dem Zählmuster sehen die Würfel stärker in die Länge gezogen aus als auf der Decke. Das liegt daran, dass die Kästchen des Zählmusters quadratisch sind, während die Strickmaschen breiter als hoch – im Verhältnis also flacher – sind.

Flechtmusterdecke

Modell von Kathleen Case, Williamstown, MA

Noch ein Klassiker unter den Strickmustern für Babydecken! Die kraus gestrickte Einfassung und die abwechselnd rechts und links gestrickten Kästchen ergeben auf beiden Seiten ein attraktives Flechtmuster. Diese kuschelige Decke ist ideal für Einsteiger, die auf einfache Weise einen interessanten Struktureffekt erzielen möchten – sie ist buchstäblich kinderleicht zu stricken.

Größe: 76 x 76 cm

Garn: ca. 500 g *Brown Sheep Cotton Fleece* (80 % Baumwolle, 20 % Merinowolle)

Stricknadeln: Rundstricknadel Nr. 5, 60 cm lang, oder andere Stärke gemäß Maschenprobe

Maschenprobe: 20 M mit Nd Nr. 5 im Flechtmuster gestrickt = 10 cm

li = links/linke ◆ **M** = Masche ◆ **R** = Reihe ◆ **re** = rechts/rechte ◆ **wdh** = wiederholen

Superweiche Baumwolle

Für die Decke auf dem Foto (Seite 53) wurde ein Baumwollmischgarn von *Brown Sheep Company* aus 80 % Baumwolle und 20 % Merinowolle verwendet. Derartige Garne lassen sich zu einem herrlich weichen, leichten Gestrick verarbeiten, das schön fällt und für Babydecken hervorragend geeignet ist. Fragen Sie in Ihrem Handarbeitsfachgeschäft nach vergleichbaren Materialien für Babydecken. Aus solchen Mischgarnen gestrickte Decken müssen allerdings lauwarm von Hand gewaschen werden.

UNTERER RANDSTREIFEN
150 M anschlagen.
1. – 10. Reihe: Re M str.
FLECHTMUSTERFELD DER DECKE
1. Reihe (und alle ungeraden Reihen): Re M str.
2., 4., 6. und 8. Reihe: 5 M re, *5 M re, 5 M li; ab * fortlfd wdh; enden mit 5 M re.
10., 12., 14. und 16. Reihe: 5 M re, *5 M li, 5 M re; ab * fortlfd wdh; enden mit 5 M re.
Die 1. – 16. Reihe stets wdh, bis die Decke 71 cm hoch ist. Mit einer 8. oder 16. Musterreihe abschließen.
OBERER RANDSTREIFEN
1. – 10. Reihe: Re M str.
Alle M locker abketten. Fäden vernähen.

Flechtmuster

Kaum zu glauben, aber wahr: Die interessante plastische Wirkung dieses wie Flechtwerk anmutenden Gestricks kommt durch den Wechsel von zwei ganz einfachen Mustern zustande: glatt rechts und kraus rechts gestrickten Vierecken. Dadurch, dass diese Musterblöcke versetzt angeordnet sind, entsteht der Eindruck von über- und untereinander verflochtenen Bändern. Die Vierecke können auch über mehr Maschen oder in zwei oder mehr Farben gestrickt werden – das lässt sie noch plastischer hervortreten.

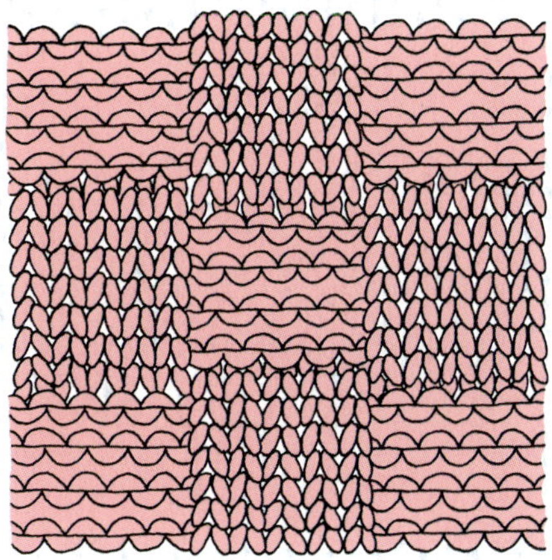

Am Teich

Modell von Barbara Telford, Woodsmoke Woolworks

Ein ganzer Miniteich ist auf dieser Decke zu bewundern: mit Schilfrand, Ufergras, Fröschen, Libellen, Seerosenblättern und -blüten. Der Mittelteil der Decke wird zuerst gestrickt. Aus seinen Außenkanten werden die Maschen für den Rand aufgenommen, und die Decke wird in Runden fertig gestrickt. Sie können auch noch mehr Blüten, Blätter, Frösche und Libellen über Ihre Decke verteilen – aber bitte die Libellen mit genügend Abstand zu den Fröschen, damit sie nicht gefressen werden!

Größe: 88 x 88 cm

Garn: *Briggs & Little Regal* (100 % Wolle) in folgenden Mengen und Farben:

ca. 550 g in Mittelblau (Fb A)
ca. 150 g in Violett (Fb B)
ca. 150 g in Mittelgrün (Fb C)
ca. 150 g in Braun (Fb D)
ca. 150 g in Dunkelgrün (Fb E)
ca. 150 g in Schwarz (Fb F)
Rest in Fb G (Weiß, Rosa, Rot oder Dottergelb)
Rest in Fb H (Gelb)
Rest pro Libelle in Fb I (helle Farben)
Rest pro Libelle in Fb J (dunkle Farben)

Nadeln: 5 Rundstricknadeln Nr. 4,5, möglichst lang, oder andere Stärke gemäß Maschenprobe

Nadelspiel Nr. 4,5 oder andere Stärke wie oben
2 Stricknadeln Nr. 3,5 aus einem Nadelspiel
Häkelnadel Nr. 4

Maschenprobe: 20 M mit Nd Nr. 4,5 glatt re gestrickt = 10 cm

Zubehör: Wollnadel mit stumpfer Spitze; etwas Füllmaterial (z. B. aus Polyester); 2 m Hilfsgarn (Baumwoll- oder Synthetikgarn, etwas dünner als das Wollgarn); Markierungsringe

abh = abheben ◆ **Fb** = Farbe ◆ **glatt re** = glatt rechts ◆ **li** = links/linke ◆ **Lm** = Luftmasche ◆ **M** = Masche(n) ◆ **2 M re/li zus-str** = 2 Maschen rechts/links zusammenstricken ◆ **Nd** = Nadel(n) ◆ **R** = Reihe(n) ◆ **übz** = überzogen ◆ **wdh** = wiederholen ◆ **zun** = zunehmen ◆ **zus-str** = zusammenstricken

MITTELFELD (TEICH)

104 M in Fb A mit der Rundstricknadel Nr. 4,5 anschlagen.

1. Reihe: Re M str.

2. Reihe: Li M str.

3. Reihe: Re M str.

4. Reihe: Zum Hilfsgarn wechseln und re str.

5. Reihe: Mit Fb A re M str.

6. Reihe: Li M str.

7. Reihe: 1 M abh, re M weiterstr; enden mit 1 M abh.

8. Reihe: Li M str.

5. – 8. Reihe wdh bis zur 140. R ab der Hilfsgarn-R. M nicht abketten.

UFERRAND

Am Anschlagrand das Hilfsgarn durch Ziehen an einem der Fadenenden entfernen und die M auf eine der Rundstricknadeln auffassen. Um Fallmaschen zu vermeiden, Restgarn immer nur aus ein paar M gleichzeitig herausziehen und diese M auffassen, bevor Sie die nächsten auftrennen. M-Zahl: 104 M.

An beiden Seitenkanten des Mittelstücks mit je 1 Rundstricknadel aus den abgehobenen Maschen am Ende der Reihen jeweils 104 M auffassen.

Sie haben nun 4 Rundstricknadeln mit jeweils 104 M rund um das Mittelfeld. Beginnend mit der Nd, auf der die M der 140. R des Mittelfeldes liegen, mit der 5. Nd in Runden wie mit einem Nadelspiel in der Farbfolge der Zählmuster (ZM) auf den Seiten 60 – 62 str. Auf jeder Nd sind die ersten 4 M nach dem ZM für die rechte Ecke, die nächsten 96 M nach dem ZM für den Mittelteil (12 M; 7 x wdh) und die letzten 4 M nach dem ZM für die linke Ecke zu str, und zwar beginnend mit Zeile 1 des jeweiligen Zählmusters.

Die 1. M auf jeder Nd ist die Eck-M. Wichtig: Die Zunahmen am Beginn jeder Reihe werden jeweils in der M *nach* der Eck-M, und zwar durch Herausstricken aus dem vorderen und hinteren M-Glied, gearbeitet (siehe Seite 14).

Hinweis: Wenn Sie in Jacquardtechnik mehrfarbig stricken, sollten Sie beim Farbwechsel den Faden nicht vor einer Eck-Masche oder Zunahme-Masche nach vorne holen. Dadurch entstehende allzu lange Spannfäden können in der nächsten Runde eingewebt werden (siehe auch Seite 19 – 21).

1. Runde: Nach dem ZM für die Rohrkolben jede Nd str wie folgt: 1 M re, 1 M zun, re M weiterstr; enden mit 1 M zun (= 106 M pro Nd).
2. Runde: 1 M re, 1 M zun, re M weiterstr; enden mit 1 M zun (= 108 M pro Nd).
3. Runde: 1 M re, 1 M zun, re M weiterstr; enden mit 1 M zun (= 110 M pro Nd).
4. Runde: Re M str bis zum Ende der Runde.
5. – 12. Runde: Die 1. – 4. Runde 2 x wiederholen.
Solange Sie nach dem Zählmuster für die Rohrkolben und nach der Anleitung unten arbeiten, jeweils in den 1. – 3. Runden am Beginn und Ende jeder Nd 1 M zun, bis Sie auf jeder Nd 176 M haben.
ROHRKOLBEN
13. Runde: Wie die 1. Runde str.
14. Runde: Zusätzlich zu den bisherigen Zunahmen am Beginn und Ende jeder Nd und nach dem Wechsel zur Rohrkolbenfarbe (Fb E) in jeder Rohrkolben-Masche 1 M zun, sodass Sie nun 2 M in der Farbe E haben (siehe Anleitung „Stricken mit 3D-Effekt“ rechts).

Stricken mit 3D-Effekt

Damit es so aussieht, als ob die Rohrkolben über den Wasserspiegel emporragten, werden über mehrere Runden Maschen in jedem Rohrkolben zugenommen und dann bis auf 1 M wieder abgenommen (diese Extra-M sind in den ZM nicht enthalten). Anders als sonst beim Stricken in Intarsientechnik muss der blaue Faden hinter jedem Kolben straff gezogen werden, damit dieser plastisch hervortritt.

15. Runde: Zusätzlich zu den Zunahmen am Beginn und Ende jeder Nd aus der 1. M jedes Kolbens 1 M zun (= 3 M pro Kolben).

16. Runde: Aus den ersten 2 M jedes Kolbens jeweils 1 M zun (= 5 M pro Kolben).

17. Runde: Am Beginn und Ende jeder Nd je 1 M zun, jedoch ohne weitere Zunahme bei den Kolben-Maschen.

20. Runde: In den Kolben 2 M re übz zus-str, 1 M re, 2 M re zus-str (= 3 M pro Kolben).

21. Runde: Wie die 1. Runde str.

22. Runde: Zunahmen am Beginn und Ende jeder Nd wie zuvor und in den Kolben 1 M abh, 2 M re zus-str, die abgehobene M über die zusammengestrickte M ziehen (= 1 M pro Kolben und 138 M pro Nd).

SCHILFROHRE

23. – 36. Runde: Nach den ZM für die Rohrkolben weiterstr und dabei in jeweils 3 von 4 Runden am Beginn und Ende jeder Nd zunehmen wie zuvor. Wenn die Schilfrohre die neben der Eck-M liegende M erreichen, auch die Eck-M in Fb C str.

Nach der letzten Schilf-Runde haben Sie 158 M auf jeder Nd.

ZÄHLMUSTER FÜR DIE ROHRKOLBEN (MITTELTEIL)

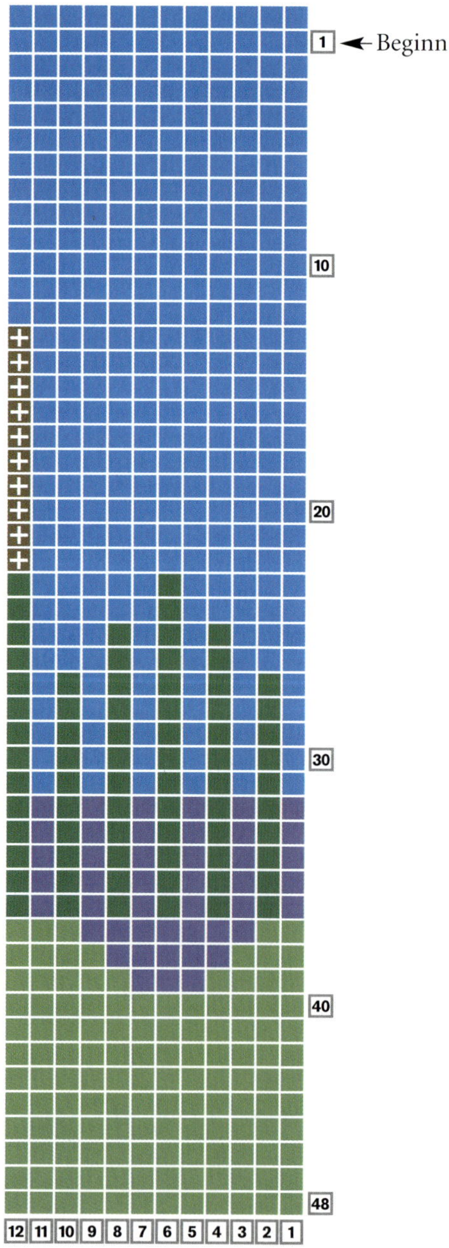

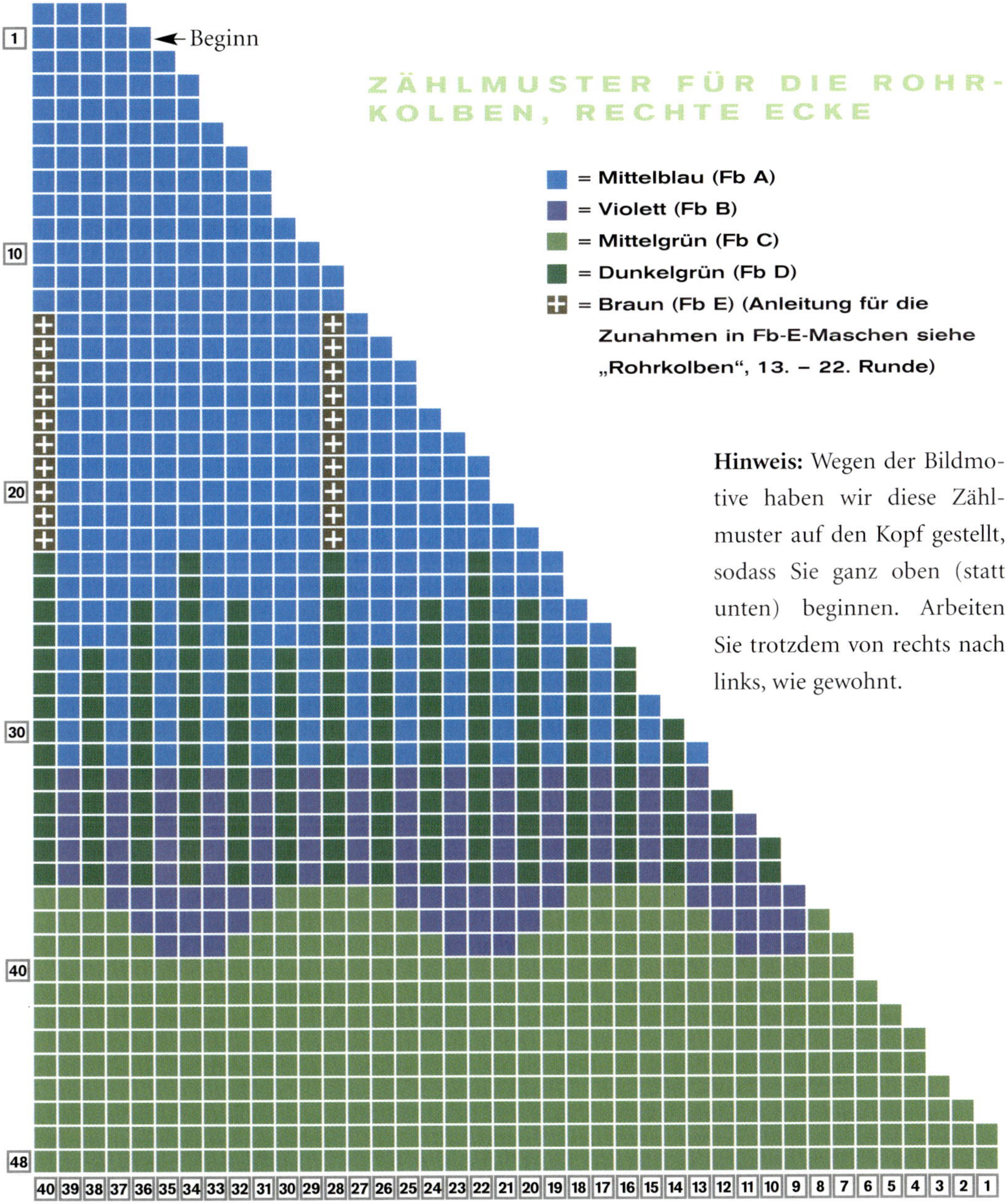

ZÄHLMUSTER FÜR DIE ROHR-KOLBEN, RECHTE ECKE

- = Mittelblau (Fb A)
- = Violett (Fb B)
- = Mittelgrün (Fb C)
- = Dunkelgrün (Fb D)
- + = Braun (Fb E) (Anleitung für die Zunahmen in Fb-E-Maschen siehe „Rohrkolben“, 13. – 22. Runde)

Hinweis: Wegen der Bildmotive haben wir diese Zählmuster auf den Kopf gestellt, sodass Sie ganz oben (statt unten) beginnen. Arbeiten Sie trotzdem von rechts nach links, wie gewohnt.

ZÄHLMUSTER FÜR DIE ROHR-KOLBEN, LINKE ECKE

■ = Mittelblau (Fb A)

■ = Violett (Fb B)

■ = Mittelgrün (Fb C)

■ = Dunkelgrün (Fb D)

⊞ = Braun (Fb E) (siehe Hinweis auf Seite 61)

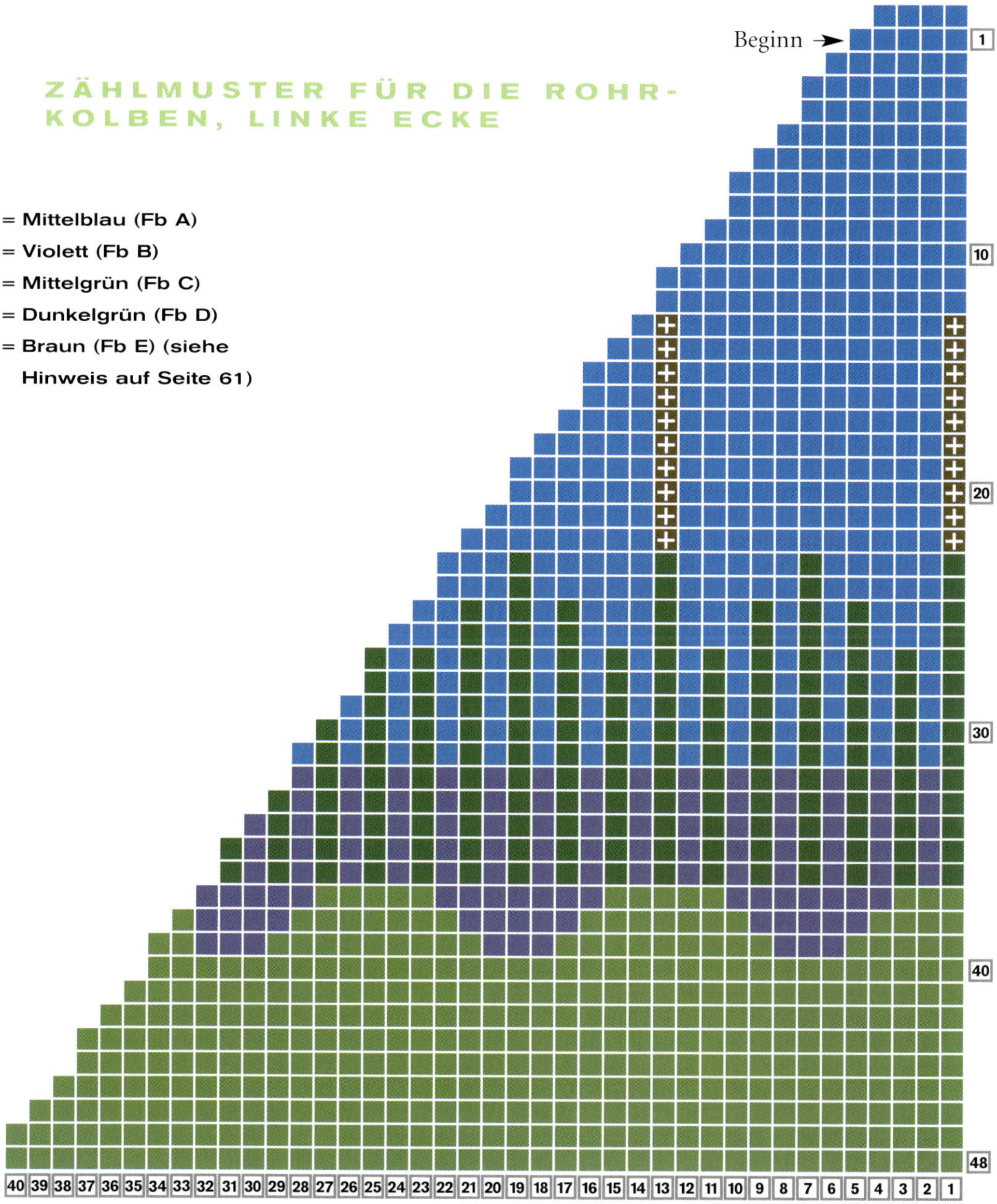

UFERGRAS

37. – 42. Runde: Nach dem Zählmuster für die Rohrkolben mit den Zunahmen wie bisher das Ufergras str. Am Ende der 42. Runde haben Sie 168 M auf jeder Nd.

43. Runde: 1 M zun, li M weiterstr; enden mit 1 M zun.

44. Runde: Re M str.

45. Runde: 1 M zun, li M weiterstr; enden mit 1 M zun.

46. Runde: 1 M zun, re M weiterstr; enden mit 1 M zun.

47. Runde: 1 M zun, li M weiterstr; enden mit 1 M zun (= 176 M).

48. Runde: Alle M re abketten.

FROSCH: VORDERE HÄLFTE

Hinweis: Die Anleitung gilt für eine vordere Hälfte. Sie können so einen halben Frosch unter einem Seerosenblatt hervorgucken lassen oder die hintere Hälfte anstricken.

5 M mit Nd Nr. 3,5 und Fb C anschlagen.

1. und 3. Reihe: Li M str.

2. Reihe: Re str wie folgt: 2 x 1 M zun, 2 M gleichzeitig zun durch Herausstr aus dem vorderen, hinteren und vorderen Glied der nächsten M, 2 x 1 M zun (= 11 M).

4. Reihe: 4 M re, 1 Augen-Noppe, 1 M re, 1 Augen-Noppe, 4 M re (siehe „Noppen stricken“ auf Seite 68).

5. Reihe: 5 x 1 li M zun, 1 M li, 5 x 1 li M zun (= 21 M).
(1 li M zunehmen = aus dem vorderen M-Glied 1 li M, aus dem hinteren M-Glied 1 re M herausstr).

6. Reihe: 8 M re, 2 M re zus-str, 1 M re, 2 M re zus-str, 8 M re (= 19 M).

7., 9. und 11. Reihe: Li M str.

8. Reihe: 7 M re, 2 M re zus-str, 1 M re, 2 M re zus-str, 7 M re (= 17 M).

10. Reihe: 6 M re, 2 M re zus-str, 1 M re, 2 M re zus-str, 6 M re (= 15 M).

Für die hintere Hälfte des Frosches siehe Anleitung auf Seite 64. Die vordere Hälfte allein fertig str wie unter „Letzte Reihe“ beschrieben (siehe unten).

Letzte Reihe: *1 M abh, 2 M re zus-str, abgehobene M über die Rest-M ziehen; ab * wdh bis R-Ende (= 5 M).

Faden abschneiden und durch die 5 Restmaschen ziehen. Vom Maul abwärts die Bauchnaht schließen. Den Frosch leicht ausstopfen und die Öffnung unten zunähen.

Vorderbeine: Die Häkelnadel in der 6. Reihe (2 R hinter der Augen-R und 4 M einwärts von der Naht) einstechen, einen ca. 20 cm langen Faden in der Mitte fassen und durchziehen. Mit dem doppelt genommenen Faden 3 Luftmaschen (Lm) häkeln. Die nächste Lm mit nur einem Faden häkeln und den Faden durchziehen. Dasselbe auf der anderen Seite wdh. Die Fadenenden der Vorderbeine besonders gründlich vernähen bzw. mit Textilkleber sichern.

FROSCH: HINTERE HÄLFTE

1. Reihe: 5 M re, 2 M re zus-str, 1 M re, 2 M re zus-str, 5 M re (= 13 M).

2., 4., 6. und 8. Reihe: Li M str.

3. Reihe: 4 M re, 2 M re zus-str, 1 M re, 2 M re zus-str, 4 M re (= 11 M).

5. Reihe: 2 M re, 2 M zun, 1 M re, 2 M re zus-str (= 7 M). Wenden und aus diesen 7 M das *rechte Hinterbein* str. Die übrigen 5 M auf der Nd liegen lassen.

7. und 9. Reihe: Re M str.

10. Reihe: 2 M li zus-str, 1 M abh, 2 M li zus-str, abgehobene M über die Rest-M ziehen, 2 M li zus-str (= 3 M).

11., 13. und 15. Reihe: Re M str.

12. und 14. Reihe: Li M str.

16. Reihe: 1 M abh, 2 M li zus-str, die abgehobene M über Rest-M ziehen (= 1 M).

17. Reihe: 2 re M zun (= 3 M).

18. und 20. Reihe: Li M str.

19. Reihe: 1 M re, 2 M zun, 1 M re (= 5 M).

Nach der 20. Reihe alle M rechts abketten.

Linkes Hinterbein aus den 5 Rest-M der 4. R str.

5. Reihe (2. Bein): 2 M re, 2 M zun, 2 M re. Wenden und li Hinterbein aus diesen 7 M str.

6. – 20. Reihe (2. Bein): Ebenso wie re Bein str. Alle M re abketten.

Fertigstellung: Faden abschneiden und durch die Rest-M ziehen. Vom Maul abwärts die Bauchnaht bis zum Beinansatz schließen. Froschkörper leicht ausstopfen und unten zunähen. Vorderbeine anhäkeln wie links oben beschrieben.

LIBELLE

Hinweis: Die Anleitung gilt für eine Libelle. Mehrere Libellen aus Garnresten in unterschiedlichen Farben stricken. Für den Rumpf (Fb I) helle Garne, für die Flügel (Fb J) Garne in dunkleren Farbtönen verwenden.

4 M mit Nd Nr. 3,5 in Fb I anschl. und eine 5 cm lange Kordel str (siehe „Kordel stricken“ auf S. 67).

Wenn die Kordel lang genug ist, Arbeit wenden und flach weiterstr.

1. Reihe: Aus den ersten 3 M je 1 li M zun, 1 M li (= 7 M).

2. Reihe: 2 M re, 1 re M zun, 1 M re, 1 re M zun, 2 M re (= 9 M).

3. Reihe: Li M str.

4. Reihe: 3 M re, Flügel-Noppe (siehe „Noppen stricken“ auf Seite 68), 1 M re, Flügel-Noppe, 3 M re. Flügel in Fb J str.

5. Reihe: Li M str.

6. Reihe: 3 M re, Flügel-Noppe, 1 M re, Flügel-Noppe, 3 M re. Flügel in Fb J str.

7. Reihe: 2 x 2 M li zus-str, 1 M li, 2 x 2 M li zus-str (= 5 M).

8. Reihe: 1 M re, Augen-Noppe in Fb F (siehe „Noppen stricken“ auf Seite 68), 1 M re, Augen-Noppe in Fb F, 1 M re.

9. Reihe: 2 M li zus-str, 1 M li, 2 M li zus-str (= 3 M).

Faden abschneiden und durch die 3 Rest-M ziehen. Bauchnaht schließen. Die Libelle leicht ausstopfen und unten zunähen.

SEEROSENBLATT

Hinweis: Das Foto Seite 57 zeigt die Blätter in drei Größen. Die Blüten sehen auf den großen Blättern am besten aus. Alle Blätter (nach Belieben auch größere oder kleinere) werden mit einem Nadelspiel von der Mitte nach außen gestrickt.

4 M mit Nd Nr. 4,5 in Fb D anschlagen.

1. Reihe: Aus allen 4 M je 1 li M zun (= 8 M).

2. Reihe: Aus allen 8 M je 1 re M zun (= 16 M).

3. Reihe: Li M str.

Die M gleichmäßig auf 4 Nd verteilen und ab hier in Runden str.

1. Runde: Auf jeder Nadel *1 M re, aus der nächsten M 1 M zun; ab * 1 x wdh (= 6 M pro Nd).

2., 4., 7. und 9. Runde: Re M str.
3. Runde: *2 M re, aus der nächsten M 1 M zun; ab * 1 x wdh (= 8 M pro Nd).
5. Runde: 1 M re, aus der nächsten M 1 M zun, 3 M re, 1 M zun, 2 M re (= 10 M pro Nd).
6. Runde: *4 M re, aus der nächsten M 1 M zun; ab * 1 x wdh (= 12 M pro Nd).

8. Runde: *3 M re, aus der nächsten M 1 M zun; ab * noch 2 x wdh (= 15 M pro Nd).
Für das kleine Seerosenblatt in der nächsten Runde alle M rechts abketten.
10. Runde: 2 M re, aus der nächsten M 1 M zun, *4 M re, aus der nächsten M 1 M zun; ab *1 x wdh, 2 M re (= 18 M auf jeder Nd).
11. und 13. Runde: Re M str.

Kordel stricken

Kordeln sind ganz schmale Schläuche, die mit zwei beidseitig spitzen Nadeln – meist über 3 oder 4 M (oder andere M-Zahl laut Anleitung) – gestrickt werden.

1. Die in der Anleitung angegebene M-Zahl anschl und rechts abstr.

2. *Die Nadel mit den Maschen nicht wenden,* sondern in die linke Hand nehmen und die Maschen zur rechten Nadelspitze herüberschieben, sodass der Arbeitsfaden von der letzten Masche links außen kommt. Die rechte Nadel wie sonst beim Rechtsstricken in die 1. Masche einstechen, den Faden hinter der Nadel straff ziehen, und die Masche rechts stricken wie gewohnt. Achten Sie darauf, dass diese Masche fest gestrickt wird. (Siehe Abbildung rechts.)

3. Die übrigen Maschen auf der Nadel rechts stricken.

4. Schritte 2 und 3 wiederholen, bis die Kordel lang genug ist.

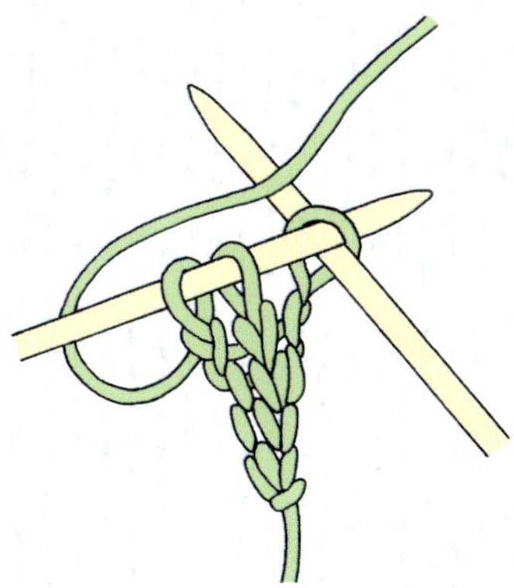

Noppen stricken

Die Augen des Frosches, die Augen und Flügel der Libelle sowie das Innere der Seerosen sind allesamt eingestrickte Noppen. Sie entstehen, indem man aus einer Masche mehrere herausstrickt, nur in diese Zunahme-Maschen noch eine oder mehrere Reihen strickt und dann wieder bis zu einer einzigen Masche abnimmt.

Augen-Noppe: 4 M re mit Fb F aus der angegebenen M herausstr (je 1 re M in das vordere, hintere, vordere und noch einmal ins hintere Glied derselben M). Wenden und 4 M li str; wieder wenden und 4 M re in Fb C; wenden und 4 M li str, wenden und 4 M re verschr zus-str. Noch mit Fb C die ursprüngliche Noppen-M aufnehmen, re str und die Rest-M der Noppe darüber ziehen.

Libelle, 1. Flügel-Noppe: Mit Fb J in die Noppen-M 2 M re str. Wenden. Diese 2 M über 19 R hochstricken (die 1. und alle ungeraden R li str). 20. Reihe: 2 M re verschr zus-str. Mit Fb I die ursprüngliche Noppen-M aufnehmen und re str, die Rest-M des Flügels darüber ziehen.

Libelle, 2. Flügel-Noppe: Mit Fb J in die Noppen-M 2 M re str. Wenden. Diese 2 M über 19 R hochstricken (die 1. und alle ungeraden R li str). In der 20. R mit Fb I die ursprüngliche Noppen-M aufnehmen und re str, die beiden Flügel-M re zus-str und die vorherige M darüber ziehen.

Blüten-Noppe: 4 M mit Fb H in der Noppen-M zunehmen (durch Herausstricken von je 1 re M aus dem vorderen, hinteren, vorderen und hinteren M-Glied). Wenden. 4 M li, wenden; 4 M re mit Fb C, wenden; 4 M li, wenden; 4 M re verschr zus-str.

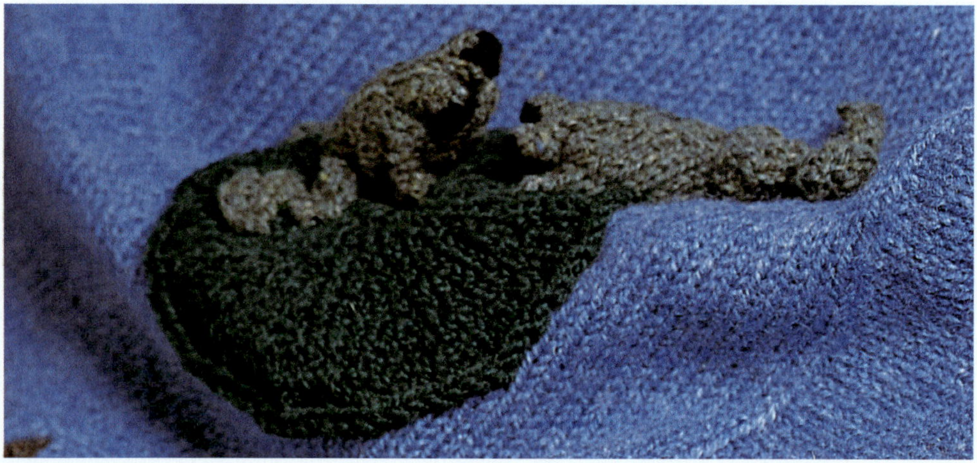

12. Runde: 4 M re, aus der nächsten M 1 M zun, *5 M re, 1 M zun; ab * 1 x wdh, 1 M re (= 21 M pro Nd).

Mittelgroßes Blatt: Alle M re abk.

14. Runde: 2 M re, aus der nächsten M 1 M zun, *6 M re, aus der nächsten M 1 M zun; ab * 1 x wdh, 4 M re (24 M pro Nd).

15. Runde: Re M str.

16. Runde: 3 M re, aus der nächsten M 1 M zun, *5 M re, 1 M zun; ab * noch 2 x wdh, 2 M re (= 28 M pro Nd).

Großes Seerosenblatt: Alle M re abk.

SEEROSE

45 M mit Nd Nr. 4,5 in Fb G anschlagen.

Wechseln zu Nd Nr. 3,5.

1. Reihe, 1. Blütenblatt: 5 M li, wenden; 1 M re, wenden; 2 M li, wenden; 3 M re, wenden; 4 M li, wenden; 5 M re, wenden; 6 M li, wenden; 7 M re, wenden; 8 M li, wenden; 9 M re, wenden; 2 M li, 2 M li zus-str, 1 M li, 2 M li zus-str, 2 M li.

Anleitung für das 1. Blütenblatt wdh, bis Sie 5 Blütenblätter haben und alle M der dickeren Nd abgestrickt sind (= 35 M auf der dünneren Nd).

2. Reihe: *2 M re zus-str, 1 M abh, 2 M re zus-str und die abgehobene M darüber ziehen, 2 M re zus-str; ab * fortlfd wdh (= 15 M).

3. Reihe: *1 M abh, 2 M re zus-str und die abgehobene M darüber ziehen; ab *wdh (= 5 M).

Faden abschneiden, durch die verbliebenen 5 M führen und kräftig anziehen. Mit den beiden Fadenenden die Blätter zur Blüte zusammenfügen.

Blütenmitte: Mit Nd 4,5 und Fb H von der rechten Seite der Arbeit in der Mitte der Blüte 1 M auffassen und re str. In diese M 1 Blüten-Noppe str (siehe „Noppen stricken" auf Seite 68).

Faden abschneiden und durch die Rest-M der Noppe ziehen. Die Fadenenden mit einer Wollnadel zuerst durch die Blütenmitte (rechte Seite), danach durch die Mitte des Seerosenblattes stechen und auf dessen Rückseite vernähen.

FERTIGSTELLUNG

Blüten, Frösche und Libellen auf die großen Seerosenblätter nähen. Die Blätter anschließend mit Vorstichen an der Innenseite des Abkettrandes auf die Decke nähen. Fadenenden unter den Blättern unsichtbar vernähen.

Zuckerperlen

Modell von Dori Betjemann, Florence, MA

Vier leuchtende Farben sind bei dieser Decke zu einem Perlmuster mit Hebemaschen verarbeitet, das an Zuckerperlen erinnert. Obwohl die Farben verkreuzt erscheinen, stricken Sie jeweils mit nur einer Farbe – also ohne das lästige Mitführen mehrerer Farben und Aufwickeln von Garnspulen.

Der Innenteil aus neun „Zuckerperlen"-Streifen mit einfarbigen Streifen dazwischen wird zuerst gestrickt.

Der Zackenrand wird an den Innenteil der Decke angestrickt.

Größe: 71 x 81 cm

Garn: *Plymouth Cleckheaton Country* (8-fädiges, maschinenwaschbares Wollgarn; 100 % Wolle) in folgenden Mengen und Farben:

ca. 300 g in Türkis (Fb A)
ca. 200 g in Lila (Fb B)
ca. 200 g in Natur (Fb C)
ca. 200 g in Pink (Fb D)

Stricknadeln:

1 Rundstricknadel Nr. 5,5, 80 cm lang, oder andere Stärke gemäß Maschenprobe
2 Rundstricknadeln Nr. 4, 80 cm lang
1 Nadelspiel Nr. 4

Maschenprobe: 26 M mit Nd Nr. 5,5 im Zuckerperlenmuster gestrickt = 10 cm

Zubehör: Wollnadel mit stumpfer Spitze

abh = abheben ◆ **abk** = abketten ◆ **anschl** = anschlagen ◆ **Fb** = Farbe ◆ **Fh** = Faden hinter die Nd legen ◆ **Fv** = Faden vor die Nd legen ◆ **glatt re** = glatt rechts ◆ **li** = links/linke ◆ **M** = Masche(n) ◆ **R** = Reihe(n) ◆ **re** = rechts/rechte ◆ **zun** = zunehmen

UNTERRAND DES MUSTERFELDES

157 M mit Nd Nr. 5,5 und Fb A anschl und 1 R (= Rück-R) li str.

ZUCKERPERLENMUSTER

Hinweis: Wenn Sie im Musterfeld Maschen abheben, muss der Faden immer auf der Rückseite der Arbeit liegen. Die Maschen stets wie zum Linksstricken abheben.

1. Reihe (Hin-R): In Fb A 1 M re, *Fh, 1 M abh, 1 M re; ab * fortlfd wdh bis R-Ende.

2. Reihe: In Fb A 1 M re, *Fv, 1 M abh, 1 M re; ab * fortlfd wdh bis R-Ende.

3. Reihe: In Fb B 2 M re, *Fh, 1 M abh, 1 M re; ab * fortlfd wdh; enden mit 1 M re.

4. Reihe: In Fb B 2 M re, *Fv, 1 M abh, 1 M re; ab * fortlfd wdh; enden mit 1 M re.

5. und 6. Reihe: In Fb C die 1. und 2. Reihe wdh.

7. und 8. Reihe: In Fb D die 3. und 4. Reihe wdh.

9. – 32. Reihe: Die 1. – 8. Reihe 3 x wdh.

33. und 34. Reihe: Die 1. und 2. Reihe wdh.

EINFARBIGER STREIFEN

Zu Nd Nr. 4 und Fb A wechseln.

1. und 2. Reihe: Re M str.

3. und 4. Reihe: Li M str.

MUSTERFELD ABSCHLIESSEN

Zuckerperlenstreifen noch 8 x, einfarbigen Streifen noch 7 x wdh.

Nach dem letzten Zuckerperlenstreifen mit Nd Nr. 4 in Fb A 1 Reihe re M str. Alle M abk.

UNTERER ZACKENRAND

Hinweis: Alle Zunahmen werden hier durch Herausstricken von je 1 M aus dem vorderen und hinteren Glied derselben Masche (siehe Seite 14) mit der Rundstricknadel in hin und her gehenden Reihen gearbeitet.

2 M mit einer der Rundstricknadeln Nr. 4 in Fb A anschl.

1. Reihe (Rück-R): 2 M re.

2. Reihe: 1 M zun, 1 M re (= 3 M).

3. Reihe: 1 M zun, 2 M re (= 4 M).

4. Reihe: 1 M zun, 3 M re (= 5 M).

Weiter aus der 1. M jeder neuen Reihe 1 M zun, bis Sie 12 M (= 1 Zacke) auf der Nadel haben.

Faden abschneiden und die Nadel wenden, dabei die Zacken-M auf der linken Nd liegen lassen. 2 M neu anschl. Ab der 1. Reihe wdh, bis die 2. Zacke fertig ist.

Wenn 13 Zacken fertig sind (= 156 M), 5 Reihen über alle M re str; dabei die Fadenenden der Reihe nach auf der Rückseite einweben. Alle M auf der Nd liegen lassen.

UNTEREN ZACKENRAND AN DAS MUSTERFELD ANSTRICKEN

3 M mit Nadelspiel-Nd Nr. 4 anschl.

1. Reihe: 2 M re, 1 M re abh. Nadel ablegen.

Mit der zweiten Rundstricknadel Nr. 4 aus dem Anschlagrand des Musterfeldes (rechte Seite nach vorne) 156 M aufnehmen.

Die gerade Kante des Zackenrandes links auf links auf die Unterkante des Musterfeldes legen und beide Nd parallel in der linken Hand halten.

Die Spitze der Stricknadel mit den 3 M darauf durch die 1. M des Musterfeldes und die 1. M des Zackenrandes einstechen und die M mit Fb A re zusammenstr.

Die abgehobene M über die soeben gestrickte re M ziehen (= 3 M auf der Stricknadel).

Die 3 M wieder zurück zur Spitze der re Nd schieben, ohne die Stricknadel zu wenden.

Die letzten 3 Schritte wdh, bis alle M der beiden Rundstrick-Nd abgekettet sind. Die 3 verbliebenen M abk.

OBERER ZACKENRAND

Den oberen Zackenrand ebenso arbeiten und an die Oberkante des Musterfeldes (Abkettrand) anstricken.

SEITLICHE ZACKENRÄNDER

Die seitlichen Zackenränder ebenso, jedoch mit je 14 Zacken (168 M) str.

168 M aus jeder Seitenkante des Musterfeldes aufnehmen und diese ebenso wie am oberen und unteren Rand mit den M der Zackenborte zusammenstricken.

FERTIGSTELLUNG

Die überstehenden Ränder an den Ecken sauber zusammennähen und alle Fäden vernähen.

Mit vier Farben

Die gerade nicht benötigten Farben können Sie am Seitenrand der Arbeit mitziehen. Der neue Arbeitsfaden muss jeweils *unter* den anderen Farben liegen, wenn Sie ihn aufnehmen. Wenn Sie nicht benötigte Farben lieber abschneiden, die Enden des alten und neuen Fadens mindestens 15 – 20 cm lang lassen und zwischen Mittel- und Ringfinger der linken Hand festhalten, wenn Sie die 1. M mit der neuen Farbe stricken. Beide Enden gespannt halten und für die nächsten 5 – 6 M den Arbeitsfaden abwechselnd über und unter den losen Enden aufnehmen.

Bunte Streifen

Modell von Linda Daniels, Northampton Wools

Falls Sie jemals bezweifelt haben, dass ganz einfache Stricktechniken wunderschöne Ergebnisse bringen können – diese glatt rechts gestrickte Decke beweist es ein für allemal. Es ist gar nichts Spektakuläres dran – außer dem Farbenspiel in und zwischen den einzelnen Abschnitten aus zweifarbigen Streifen. Wenn Sie experimentierfreudig sind, versuchen Sie es doch mal mit noch mehr Farben oder breiteren Streifen. Die beiden Decken auf Seite 75 und 76 sind aus einem Garn mittlerer Stärke gestrickt; ein feines Wollgarn ergibt eine leichtere, weichere Decke.

Größe: 76 x 76 cm

Dünnes Garn (= Garn 1)

ca. 150 g in Fb A; ca. 100 g in Fb B; ca. 100 g in Fb C

Stricknadeln für das leichte Garn

Rundstricknadel Nr. 3 – 3,5, 60 cm lang, oder andere Stärke gemäß Maschenprobe

Maschenprobe: 28 M mit Nd Nr. 3,25 glatt re gestrickt = 10 cm

Dickeres Garn (= Garn 2)

(wie auf Seite 75 und 76 abgebildet)

Brown Sheep Lamb's Pride Superwash (100 % Wolle) in folgenden Mengen und Farben:

ca. 200 g in Fb A (Violett auf S. 75; Natur auf S. 76)

ca. 150 g in Fb B (Vanillegelb auf S. 75; Taubenblau auf S. 76)

ca. 150 g in Fb C (Rosa auf S. 75, Vanillegelb auf S. 76)

Stricknadeln für das dickere Garn

Rundstricknadel Nr. 4 – 4,5, 60 cm lang, oder andere Stärke gemäß Maschenprobe

Maschenprobe: 20 M glatt re gestrickt = 10 cm

Zubehör: Häkelnadel Nr. 4 oder 6

anschl = anschlagen ◆ **Fb** = Farbe ◆ **glatt re** = glatt rechts ◆ **M** = Masche(n) ◆ **Nd** = Nadel(n) ◆ **zun** = zunehmen

STREIFENFELD	GARN 1	GARN 2
In Fb B folgende Maschenzahlen anschl:	190 M	136 M
Das Streifenfeld durchwegs glatt re (Hin-R rechts, Rück-R links str) nach dem Streifenschema auf Seite 79, beginnend rechts unten, arbeiten. In jeder Farbe ... Reihen str:	4 R	2 R
Farbkombinationen A–F … mal arbeiten:	1 x	1 x
Streifenfeld abschließen mit den Farbkombinationen	A–C	A–F
Das Streifenfeld misst in der Höhe etwa:	79 cm	74 cm

Kraus gestrickte Randborte *(siehe Foto Seite 75)*

OBERE RANDBORTE	GARN 1	GARN 2
1., 3., 5. und 7. Reihe (Hin-R): Die M auf der Nd am Oberrand des Streifenfeldes in Fb A str wie folgt: 1 M zun (durch Herausstr aus dem vorderen und hinteren Glied der 1. M), fortlfd re M str; enden mit 1 M zun.		
2., 4. 6. und 8. Reihe: Re M str. Am Ende der 8. R haben Sie 4 Krausrippen auf der rechten Seite der Decke. M-Zahl:	198 M	144 M
Pikot-Zackenrand: 2 M re, 1 M abk durch Überziehen der 1. M über die 2.; *Rest-M auf die li Nd legen, 3 x den Arbeitsfaden zwischen der 1. und 2. M durchholen und die Schlinge als neue M auf die linke Nadel legen, 5 M abk; ab * fortlfd wdh, bis nur noch 1 M übrig ist. Faden abschneiden und durch die M ziehen.		
UNTERE RANDBORTE		
1. Reihe: An der Vorderseite der Decke mit Fb A aus dem Anschlagrand . . . M aufnehmen und re str:	192 M	138 M

	Garn 1	Garn 2
2. – 8. Reihe: Die 2. – 8. Reihe der Anleitung „Obere Randborte“ (siehe oben) wdh. M-Zahl nach der 8. Reihe:	198 M	144 M
Abkettrand wie für die obere Randborte arbeiten.		
SEITLICHE RANDBORTEN		
1. Reihe: Von der rechten Seite der Arbeit in Fb A aus jeder Seitenkante . . . M aufnehmen und re str:	218 M	146 M
2. – 8. Reihe: Die 2. – 8. Reihe der Anleitung „Obere Randborte“ (siehe oben) wdh. M-Zahl nach der 8. Reihe:	226 M	154 M
Wie bei der oberen Randborte alle Maschen abketten.		
FERTIGSTELLUNG		
Die Ecken mit unsichtbaren Stichen zusammennähen. Fäden vernähen.		

Randborte mit Mäusezähnchen *(siehe Foto auf S. 76)*

OBERE RANDBORTE	Garn 1	Garn 2
1. Reihe (Hin-R): In Fb A die M auf der Nd nach der letzten Streifenfeld-R str wie folgt: Aus der 1. M 1 M zun durch Herausstr aus dem vorderen und hinteren M-Glied, re weiterstr; enden mit 1 M zun.		
2. und 4. Reihe: Li M str.		
3. und 5. Reihe: 1. Reihe wdh. M-Zahl:	196 M	142 M
6. Reihe: Zu Fd B wechseln und li M str.		
7. Reihe (Hin-R = Lochreihe): 1 M re, *1 U, 2 M re zus-str; ab * fortlfd wdh; enden mit 1 M re.		

Toll gestreift

Nichts leichter, als mit Streifen wirkungsvolle Muster zu zaubern – ohne Fäden abschneiden oder Strängchen aufwickeln zu müssen. Ziehen Sie bei jedem Farbwechsel den Faden an der Seite mit nach oben und wickeln Sie ihn einmal um den Faden der zweiten Farbe, bevor Sie die erste Farbreihe mit der nächsten Farbe stricken.

Wenn Sie beispielsweise nach zwei Reihen Gelb zur Farbe Lila wechseln, umschlingen Sie den lilafarbenen Faden mit dem gelben, bevor Sie die erste Reihe in Lila stricken. Ebenso umschlingen Sie den lilafarbenen Faden wieder mit dem gelben, bevor Sie die erste Reihe in Gelb stricken. Wenn Sie zur nächsten Farbkombination ohne eine dieser beiden Farben übergehen, schneiden Sie die Fäden ab und vernähen sie auf der Rückseite.

Hinweis: Für jeden Farbbalken im Streifenschema rechts stricken Sie jeweils 4 Reihen mit dem dünneren Garn bzw. je 2 Reihen mit dem dickeren Garn.

STREIFENSCHEMA

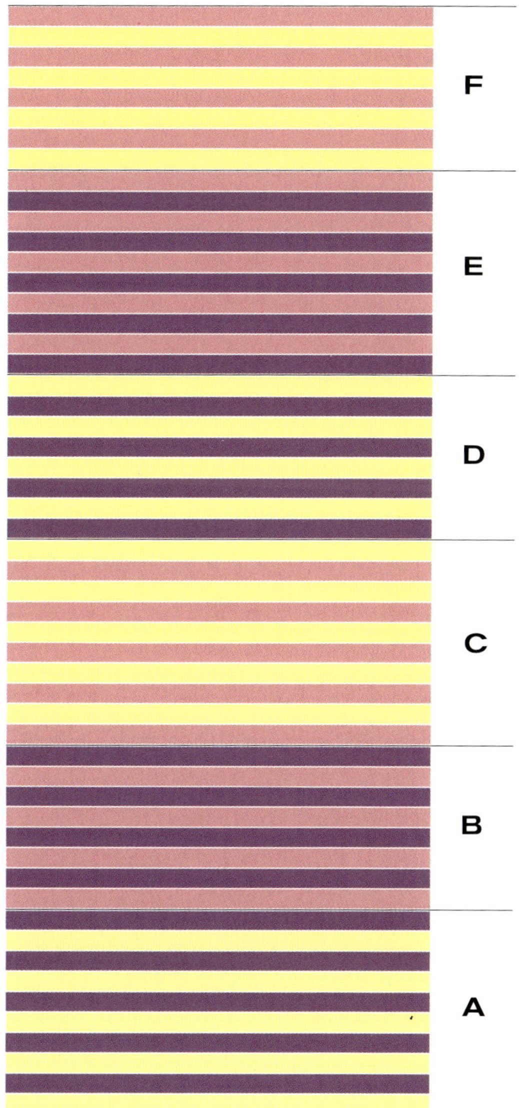

	Garn 1	Garn 2
8. – 10. Reihe: Li M str.		
9. Reihe: Re M str.		
11. Reihe: Zu Fb A wechseln. 2 M re zus-str, re M weiterstr; enden mit 2 M re verschr zus-str.		
12. und 14. Reihe: Li M str.		
13. und 15. Reihe: Die 11. Reihe wdh. M-Zahl am Ende der 15. R:	190 M	136 M
Alle M abk.		
UNTERE RANDBORTE		
1. Reihe: Mit Fb A von der rechten Seite der Arbeit am unteren Rand (= Anschlagrand) . . . M aufnehmen	192 M	138 M
2. – 15. Reihe: Die 2. – 15. Reihe der Anleitung „Obere Randborte“ auf Seite 78 wiederholen.		
Alle M abketten.		
SEITLICHE RANDBORTEN		
1. Reihe Mit Fb A von der rechten Seite der Arbeit an jeder Seitenkante . . . M aufnehmen:	218 M	146 M
2. – 15. Reihe: Die 2. – 15. Reihe der Anleitung „Obere Randborte“ ab Seite 78 wiederholen.		
M-Zahl nach der 5. Reihe:	222 M	150 M
M-Zahl nach der 15. Reihe:	216 M	144 M
Alle M abketten.		
FERTIGSTELLUNG		
Die Randborte an der Lochreihe zur Arbeitsrückseite hin umlegen und mit überwendlichen Stichen in Fb A annähen. Die Ecken mit unsichtbaren Stichen sowohl auf der Vorder- als auch auf der Rückseite zusammennähen. Fäden vernähen.		

Schäfchen-Träume

Modell von Dori Betjemann, Florence, MA

Flauschige Schäfchen grasen friedlich in ihren Gehegen rund um das Mittelfeld dieser Decke. Außer glatt rechts kommen darin drei dekorative Muster (siehe Seite 84) vor: ein Rippenmuster im Randstreifen, ein Doppel-Webmuster in der Einfassung der Schäfchengehege und ein Kästchenmuster im Mittelfeld. Die Schäfchen werden mit besonders flauschigem Garn im Maschenstich auf die fertig gestrickte Decke gestickt.

Größe: 66 x 81 cm

Garn: *Brown Sheep Lamb's Pride Superwash,* (100 % Wolle):
400 g in Rot (Fb A)
Rest in Onyx (Fb B)
Brown Sheep Berrocco Plush
50 g in Natur (Fb C)

Stricknadeln: Rundstricknadel Nr. 4,5, 60 – 100 cm lang, oder andere Stärke gemäß Maschenprobe

Maschenprobe: 18 M mit Nd Nr. 4,5 glatt re gestrickt = 10 cm

Zubehör: Wollnadel mit stumpfer Spitze, Markierungsringe; 8 – 12 Garnspulen, falls in Intarsientechnik gestrickt wird

abh = abheben ◆ **li** = links/linke ◆ **DW** = Doppel-Webmuster ◆ **KM** = Kästchenmuster ◆ **M** = Masche(n) ◆ **MR** = Markierungsring ◆ **MRe** = Markierungsring einhängen ◆ **MRv** = Markierungsring versetzen ◆ **R** = Reihe(n) ◆ **re** = rechts/rechte ◆ **RM** = Rippenmuster ◆ **wdh** = wiederholen ◆ **zus-str** = zusammenstricken

Die Strickmuster

Rippenmuster (Abk. RM)
(M-Zahl teilbar durch 2 + 1 M)

1. Reihe (Hin-R): Aus jeder M 1 M zun (= aus derselben M 1 M re und 1 M re verschr herausstr).

2. Reihe: 2 M re zus-str; *2 M li zus-str, 2 M re zus-str; ab * wdh.

1. und 2. Reihe stets wdh.

Rippenmuster

Doppel-Webmuster (Abk. DW)

1 U, 2 M re, den U über die 2 re gestrickten M ziehen.

Doppel-Webmuster

Kästchenmuster (Abk. KM)
(M-Zahl teilbar durch 3 + 1 M)

1. Reihe (Hin-R): Re M str.

2. und 4. Reihe: Li M str.

3. Reihe: 1 M re; *2 M li, 1 M re; ab * wdh.

1. – 4. Reihe stets wdh.

Kästchenmuster

UNTERER RANDSTREIFEN

Hinweis: Nach der 10. Reihe bilden die ersten und letzten 10 M jeder R (die zugenommenen M werden dabei nicht mitgezählt!) den seitlichen Randstreifen und werden bis zum oberen Randstreifen wiederholt (Abk.: „Rand“).

119 M mit Nd Nr. 4,5 in Fb A anschlagen.

1. – 9. Reihe: Im Rippenmuster (RM, siehe Seite 84) str bis R-Ende.

10. Reihe: Im Rippenmuster str bis zu den letzten 2 M; enden mit 2 M re.

11. Reihe: 7 M im RM str, Markierungsring einhängen (= MRe), 1 M re, 1 M zun (1 M re und 1 M re verschr aus der nächsten M herausstr), MRe, re M str bis zu den letzten 10 M; enden mit MRe, 3 M re, MRe, 7 M im RM (= 120 M).

12. und 14. Reihe: Im RM str bis zum Markierungsring, Markierungsring versetzen (= MRv), 3 M li, MRv, li M str bis zum nächsten MR, MRv, 3 M li, MRv, im RM str bis R-Ende.

13. Reihe: 7 M im RM, MRv, 3 M re, MRv, re M weiterstr bis zu den letzten 10 M; enden mit MRv, 3 M re, MRv, im RM str bis R-Ende.

QUADRATREIHE AM UNTERRAND

Hinweis: Wenn Sie in diesem Abschnitt gerne sehen möchten, wo das nächste Quadrat anfängt, hängen Sie je 1 MR nach der 38. M dieser Reihe und 2 weitere nach jeweils 24 M ein.

Hinweis: Die Schäfchenmotive werden im Maschenstich (siehe Seite 88) auf die fertig gestrickte Decke gestickt.

Vielleicht möchten Sie die Schäfchen in Intarsientechnik gleich mitstricken (siehe auch „Freude an Farben“ Seite 19–21). Falls Sie sich für diese Technik entscheiden, müssen Sie darauf achten, dass bei jedem Farbwechsel der neue Faden, wenn Sie ihn aufnehmen, unter dem alten Faden liegt (siehe Abbildung auf Seite 20). Wenn Sie die Fäden nicht verkreuzen, entsteht ein Loch an dieser Stelle.

1. und 3. Reihe: Die 10 M für den Rand im eingeteilten Muster str, danach im Doppel-Webmuster (DW, siehe Seite 84) weiterstr bis zu den letzten 10 M; enden mit Rand.

2. und alle geraden R bis 34. Reihe: Rand, li M weiterstr; enden mit Rand.

5. und alle ungeraden R bis 31. Reihe: Rand, 2 x DW, *20 M re, 2 x DW; ab * wdh; enden mit Rand.

33. und 35. Reihe: 1. und 3. Reihe wdh.

SEITLICHE QUADRATE

Hinweis: Da der obere Rand jedes Quadrats gleichzeitig der untere Rand des Quadrats darüber ist, haben wir die 1. Reihe des nächsten Quadrats als 4. Reihe bezeichnet, damit Sie sich in den Zählmustern (Seite 90 – 91) besser zurechtfinden.

4. und alle geraden R bis 34. Reihe: Rand, li M weiterstr; enden mit Rand. MRv nach der 38. M und vor den letzten 38 M wegen Übergang zum Mittelfeld.

5. und alle ungeraden R bis 31. Reihe: Rand, 2 x DW, 20 M re, 2 x DW, 5 M re, 34 M im Kästchenmuster (KM; siehe Seite 84), 5 M re, 2 x DW, 20 M re, 2 x DW, Rand.

33. und 25. Reihe: Rand, im DW weiterstr; enden mit Rand.

Nächste Reihen: Die 4. – 35. Reihe 2 x wdh. Sie haben vier Quadrate am Unterrand und drei Quadrate an jeder Seite.

QUADRATE AM OBERRAND

4. und alle geraden Reihen: Rand, li M weiterstr; enden mit Rand. MRv wegen Rückkehr zur Einteilung der Quadratreihe wie am Unterrand.

5. und alle ungeraden R bis 31. Reihe: Rand, 2 x DW, 20 M re, 2 x DW; ab * fortlfd wdh; enden mit Rand.

33. und 35. Reihe: Rand, im DW weiterstr; enden mit Rand.

OBERER RANDSTREIFEN

1. und 3. Reihe: Rand, re M weiterstr; enden mit Rand.

2. Reihe: Rand, li M weiterstr; enden mit Rand.

4. Reihe: Rand, li M weiterstr bis zu den letzten 7 M; enden mit 2 M re zus-str, 2 M li zus-str, 3 M re zus-str (= 119 M).

5. – 14. Reihe: Im RM str bis R-Ende.

FERTIGSTELLUNG

Alle M locker abketten, Faden abschneiden und alle Enden vernähen.

Schäfchen (falls nicht schon mitgestrickt!) im Maschenstich so auf die Decke sticken (siehe S. 88 und Zählmuster für die Schäfchen auf den Seiten 90 – 91), dass alle zur Mitte der Decke schauen.

Sticken im Maschenstich

Stechen Sie die Nadel in der Mitte der Masche unter derjenigen, die Sie übersticken wollen, aus (Schritt 1). Führen Sie nun die Nadel hinter den beiden V-Schenkeln der Masche darüber durch; damit ist die erste Maschenhälfte überstickt (Schritt 2). Stechen Sie die Nadel nun wieder in die ursprüngliche Ausstichstelle ein. Beim senkrechten Übersticken wird von unten nach oben gearbeitet, beim waagerechten Sticken von rechts nach links und dann von links nach rechts.

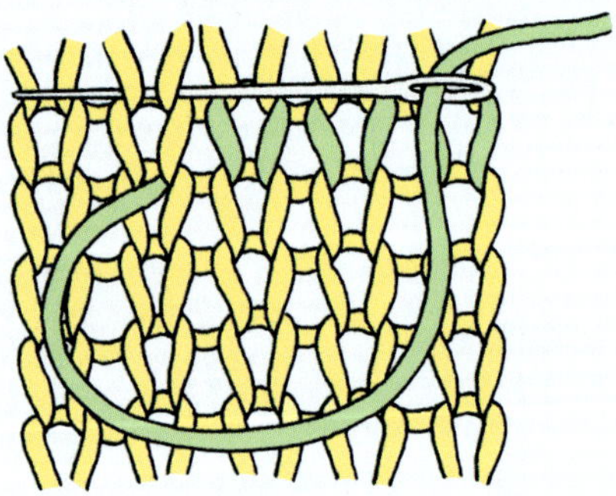

Schritt 1

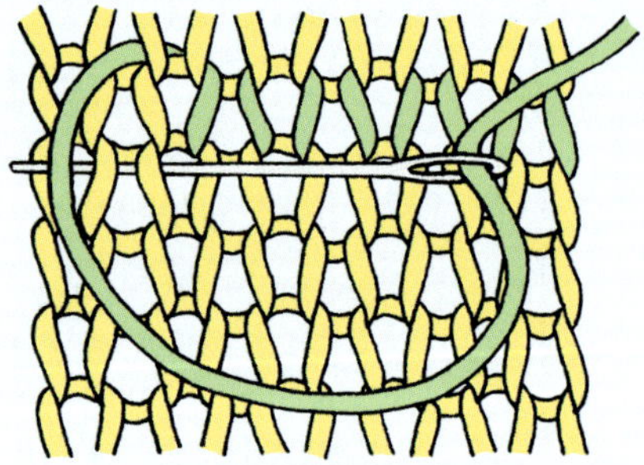

Schritt 2

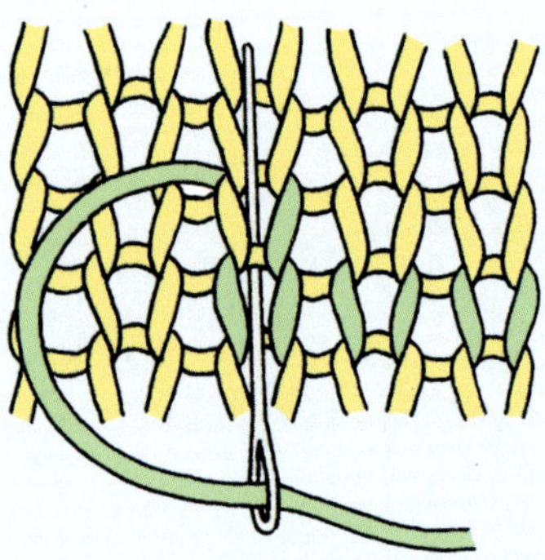

Senkrecht sticken

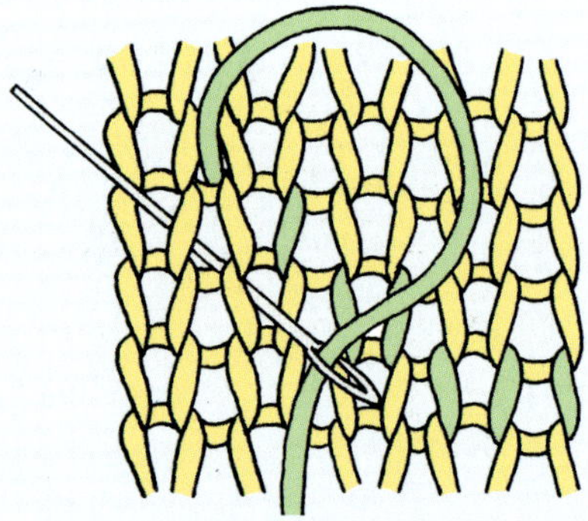

Waagerecht sticken

SCHÄFCHEN-TRÄUME
ANORDNUNG DER ZÄHLMUSTER-QUADRATE

Randstreifen

Zählmuster 1 Linke Hälfte	Zählmuster 1 Linke Hälfte	Zählmuster 2 Rechte Hälfte	Zählmuster 2 Rechte Hälfte
Zählmuster 1 Linke Hälfte			Zählmuster 2 Rechte Hälfte
Zählmuster 1 Linke Hälfte	Mittelfeld (Kästchenmuster)		Zählmuster 2 Rechte Hälfte
Zählmuster 1 Linke Hälfte			Zählmuster 2 Rechte Hälfte
Zählmuster 1 Linke Hälfte	Zählmuster 1 Linke Hälfte	Zählmuster 2 Rechte Hälfte	Zählmuster 2 Rechte Hälfte

ZÄHLMUSTER 1

(Linke Hälfte der Decke)

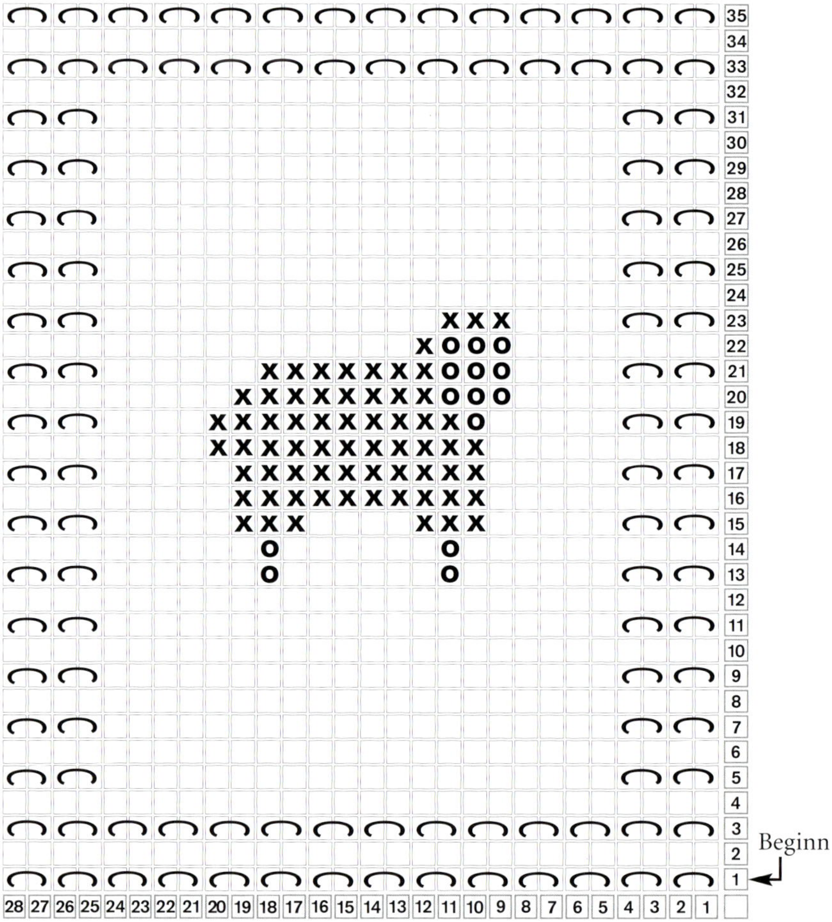

= 1 M re in Hin-R, 1 M li in Rück-R

= DW (1 U, 2 M re, U-Masche über die 2 M re ziehen)

O = Fb B

X = Fb C

ZÄHLMUSTER 2

(Rechte Hälfte der Decke)

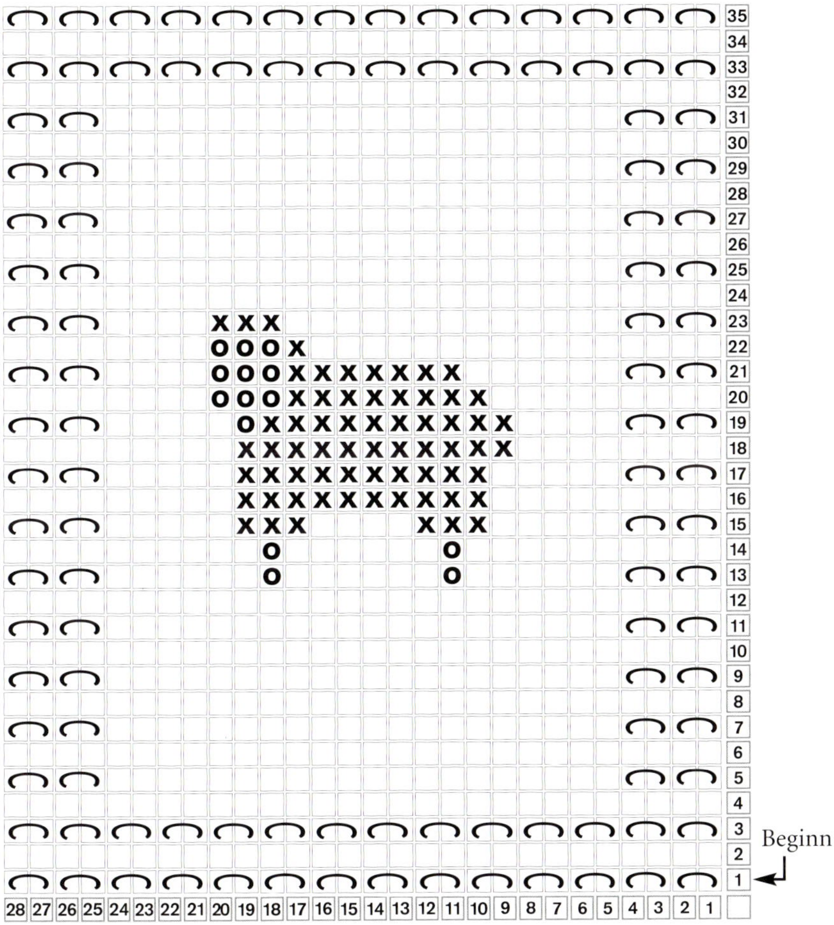

Baby-Poncho

Modell von Beverly Galeskas, Fiber Trends

Dieser originelle Baby-Poncho wird von der Mitte nach außen gestrickt – zuerst das Mittelteil vorne, danach Kapuze und Mittelteil hinten. Gelber Streifen, Ärmel und Rand werden seitlich angestrickt. Mit der Kapuze und den Knöpfen an den Ärmeln ist das Baby auch bei schlechtem Wetter gut geschützt. Die unterschiedlichen Strickmuster und Farben machen diesen Poncho nicht nur zu einer echten Augenweide, sondern auch zu einem abwechslungsreichen Strickprojekt.

Größe: 38 x 63 cm. Für Babys von 6 Monaten bis 3 Jahren.

Garn: *Brown Sheep Lamb's Pride Superwash* (100 % Wolle) in folgenden Farben

390 m in Alabaster (Fb A)

315 m in Sonnenblumengelb (Fb B)

81 m in Zitroneneis (Fb C)

Stricknadeln

Rundstricknadel Nr. 4,5, 80 cm oder länger, oder andere Stärke gemäß Maschenprobe

Stricknadeln Nr. 4,5 können für alle Teile außer dem Rand verwendet werden

1 Stricknadel Nr. 4,5 zusätzlich

Maschenprobe: 18 M mit Nd Nr. 4,5 im Muster des vorderen Mittelteils gestrickt = 10 cm

Zubehör: 4 Knöpfe, Markierungsringe oder kontrastfarbenes Hilfsgarn (Rest), Maschenraffer

abk = abketten ◆ **abn** = abnehmen ◆ **li** = links/linke ◆ **re** = rechts/rechte ◆ **M** = Masche(n) ◆ **2 M re zus-str** = 2 Maschen rechts zusammenstricken ◆ **2 M re verschr zus-str** = 2 M rechts verschränkt zusammenstricken ◆ **MR** = Markierungsring(e) ◆ **R** = Reihe(n) ◆ **zun** = zunehmen

MITTELTEIL VORNE

24 M mit Nd. Nr. 4,5 in Fb A anschlagen.

1. Reihe (Hin-R): 1 M re, *2 M li, 2 M re; ab * fortlfd wdh; enden mit 2 M li, 1 M re.

2. Reihe (Rück-R): 1 M li, *2 M re, 2 M li; ab * wdh; enden mit 2 M re, 1 M li.

3. Reihe: Re M str.

4. Reihe: Li M str.

5. Reihe: 3 M re, *2 M li, 2 M re; ab * fortlfd wdh; enden mit 2 M li, 3 M re.

6. Reihe: 3 M li, *2 M re, 2 M li; ab * fortlfd wdh; enden mit 2 M re, 3 M li.

7. und 8. Reihe: Die 3. und 4. Reihe wdh.

1. – 8. Reihe stets wdh, bis 66 R gestrickt sind; mit einer 2. R (Rück-R) abschließen.

KAPUZE

Faden abschneiden. Am Beginn der 67. Reihe (Hin-R) zu Fb B wechseln und 40 R durchwegs re M str (= 20 Krausrippen).

Am Beginn der nächsten Hin-R 12 M anschlagen (= 36 M auf der Nd).

2 R re M str (= 1 Krausrippe).

Nächste Reihe (Hin-R): *1 M re, aus den nächsten 3 M je 1 M zun; ab * noch 3 x wdh; re M str bis R-Ende.

Weitere 129 R im Krausrippenmuster weiterstr (= 66 Krausrippen ab dem Anschlagrand). Die 34. Reihe als Kapuzenmitte markieren.

Nächste Reihe (Hin-R): *1 M re, 2 M re zus-str, 2 M re zus-str, 2 M re zus-str; ab * noch 3 x wdh; re M weiterstr bis R-Ende.

Nächste Reihe: Re M str.

Nächste Reihe: 12 M abk, re M weiterstr bis R-Ende (= 24 M).

Weitere 38 R re M str (= 19 Krausrippen); in der nächsten R alle M abk.

Faden 45 cm lang (für die Naht) abschneiden. Linken Kragen (mit der rechten Seite nach oben) unter rechten Kragen (ebenfalls rechte Seite oben) und die Ecken genau aufeinander legen (siehe „Kapuzennähte“ auf Seite 95) und stecken.

Abkettrand auf die 1. Reihe des rechten Kragens nähen.

Die Kapuze an der markierten Krausrippe zur Hälfte falten und die Randmaschen der Rippen zu einer flachen Mittelnaht verbinden (siehe Abbildung auf S. 95).

MITTELTEIL HINTEN

Von der rechten Seite der Arbeit über den hinteren Halsausschnittrand verteilt mit Fb A 24 M aufnehmen und re str. 1 R li M str.

Im Strickmuster des Mittelteils vorne 98 R str (beginnen mit der 1. Muster-R und abschließen mit einer 2. Muster-R). Alle M abk und Faden abschneiden.

LINKE PONCHOSEITE

1. Reihe: Die Seitenteile des Ponchos werden senkrecht zu den Mittelteilen und zur Kapuze gestrickt. Von der rechten Seite der Arbeit aus der linken Kante des Mittelteils (links unten beginnend) in Fb C 123 M aufnehmen und re str wie folgt: 40 M aus dem Mittelteil, 1 M aus der Kragenecke (durch beide Lagen str!), 20 M aus der oberen Kragenschicht, 1 M aus der Ecke von Kapuze und Mittelteil hinten und 61 M aus dem hinteren Mittelteil bis zum unteren Rand.

2., 3. und 4. Reihe: Re M str (= 2 Krausrippen).

5. Reihe (Rück-R): 4 M li, 1 M re, *5 M li, 1 M re; ab * fortlfd wdh; enden mit 4 M li. (Die Strickschrift für die 5. – 10. Reihe des Seitenstreifens finden Sie auf Seite 97.)

6. Reihe: 3 M re, 1 M li, *1 M re, 1 M li, 3 M re, 1 M li; ab * fortlfd wdh; enden mit 1 M re, 1 M li, 3 M re.

7. und 8. Reihe: 1 M re, *1 M li, 1 M re; ab * fortlfd wdh bis R-Ende.

9. Reihe: 1 M re, 1 M li, 1 M re, 2 M li, *1 M li, l M re, 1 M li, 1 M re, 2 M li; ab * fortlfd wdh; enden mit 1 M li, 1 M re, 1 M li, 1 M re.

10. Reihe: 1 M re, 1 M li, 2 M re, *3 M re, 1 M li, 2 M re; ab * fortlfd wdh; enden mit 3 M re, 1 M li, 1 M re.

Kapuzennähte

Legen Sie die Kapuze (rechte Seite nach oben) flach hin, um den Schalkragen richtig falten zu können. Linken Kragen unter Mittelteil vorne (beide mit der rechten Seite nach oben) legen, Ecke X auf Ecke X und Y auf Y. Feststecken und auf der Rückseite den Abkettrand des linken Kragens auf die 1. Reihe des rechten Kragens nähen.

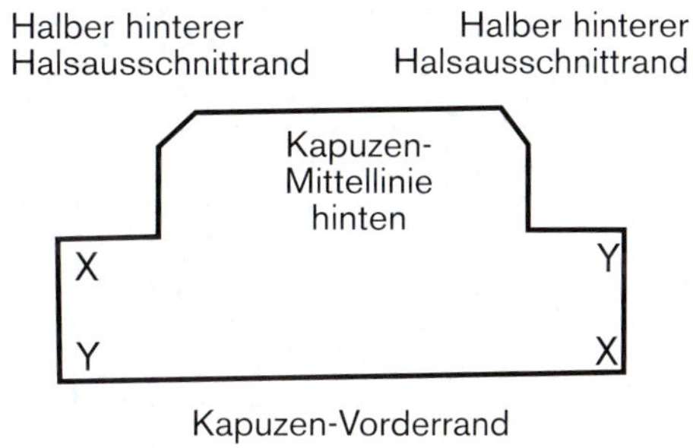

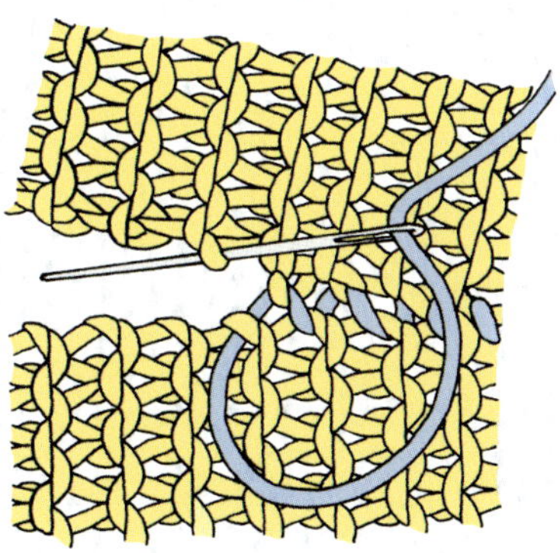

So wird die Mittelnaht hinten geschlossen

11., 12., 13. und 14. Reihe: Li M str. (= 2 Krausrippen)

Faden abschneiden und die M auf die andere Nd (oder das andere Nd-Ende der Rundstricknadel) legen, sodass die nächste R eine Hin-R ist.

15. Reihe: In Fb A re M str.

16. und alle geraden R bis 32. Reihe: Li M str.

17. Reihe: 1 M re, 2 M re verschr zus-str, *5 M li, 3 M re; ab * fortlfd wdh; enden mit 5 M li, 2 M re zus-str, 1 M re (= 121 M). Ab hier in jeder ungeraden Reihe 2 M abn.

19., 23, 27. und 31. Reihe: 1 M re, 2 M re verschr zus-str, re M weiterstr; enden mit 2 M re zus-str, 1 M re.

21. Reihe: 1 M re, 2 M re verschr zus-str, 2 M re, *5 M li, 3 M re; ab * fortlfd wdh; enden mit 5 M li, 2 M re, 2 M re zus-str, 1 M re.

25. Reihe: 1 M re, 2 M re verschr zus-str, 1 M li, *3 M re, 5 M li; ab * fortlfd wdh; enden mit 3 M re, 1 M li, 2 M re zus-str, 1 M re.

29. Reihe: 1 M re, 2 M re verschr zus-str, 3 M li, *3 M re, 5 M li; ab * fortlfd wdh; enden mit 3 M re, 3 M li, 2 M re zus-str, 1 M re.

M-Zahl am Ende der 32. Reihe: 107 M.

33. – 48. Reihe: Die 17. – 32. Reihe wdh. M-Zahl am Ende der 48. R: 91 M.

49. – 62. Reihe: Die 17. – 30. Reihe wdh. M-Zahl am Ende der 62. R: 77 M.

67. Reihe: *2 M re, 2 M re zus-str; ab * fortlfd wdh; enden mit 2 M re, 2 M re zus-str, 1 M re (= 58 M).

Die erste und letzte M markieren. Faden abschneiden und alle M auf eine Hilfsnadel legen.

RECHTE PONCHOSEITE

Von der rechten Seite der Arbeit aus der rechten Kante des Mittelteils (hinten unten beginnend) in Fb C 123 M aufnehmen und re str wie folgt: 61 M aus dem Mittelteil hinten, 1 M aus der Ecke von Kapuze und Mittelteil hinten, 20 M aus der Seite der unteren Kragenschicht, 1 M aus der Kragenecke (durch beide Lagen str!) und 40 M aus dem Mittelteil vorne bis zum Unterrand.

Die rechte Seite des Ponchos gegengleich zur linken arbeiten.

RANDSTREIFEN

Von der rechten Seite der Arbeit den Faden in Fb B in der rechten unteren Ecke des hinteren Mittelfeldes anschlingen und mit der Rundstricknadel 324 M (nach dem Schema auf Seite 97 rechts oben) aufnehmen und re str. (Die 58 M an der linken Seite von der Hilfsnadel übernehmen und Markierungsringe nach Schema setzen.)

1., 3., 5. und 7. Reihe (Rück-R): In Fb B re M str.

2., 4., 6. und 8. Reihe: *Bis vor die 1. markierte M re M str; 1 M zun, 1 M re, 1 M zun; ab * bei jeder markierten Eck-M wdh. Re M str bis R-Ende.

Alle M locker rechts abketten.

FERTIGSTELLUNG

Die Schmalseiten des Randstreifens zusammennähen. Fadenenden vernähen.

Jeweils 10 cm unterhalb der Schulterlinie an der Vorder- und Rückseite des Ponchos Knöpfe (2 an der linken und 2 an der rechten Seite) durch beide Lagen der Ärmel hindurch annähen. Dadurch verrutscht der Poncho nicht mehr.

Strickschrift für den Seitenstreifen

Die ungeraden Reihen sind Rück-Reihen; von links nach rechts arbeiten.

Die geraden Reihen sind Hin-Reihen; von rechts nach links arbeiten.

— = 1 li M in Hin-R, 1 M re in Rück-R

□ = 1 M re in Hin-R, 1 M li in Rück-R

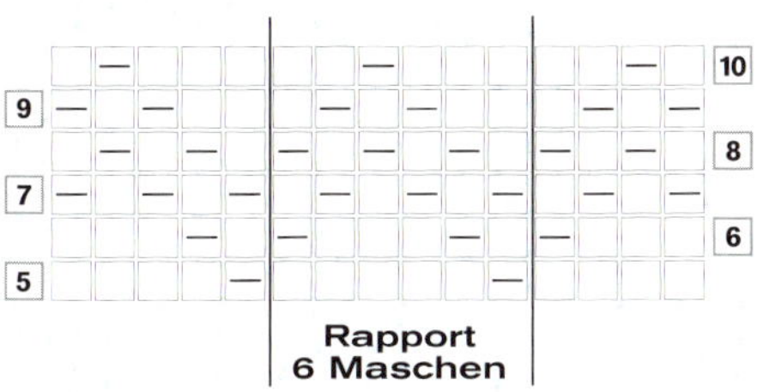

AUFNEHMEN DER MASCHEN FÜR DEN RANDSTREIFEN

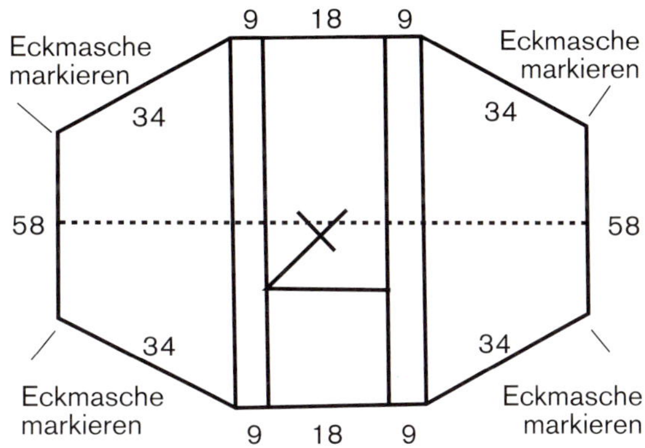

FARB- UND MUSTERVERTEILUNG

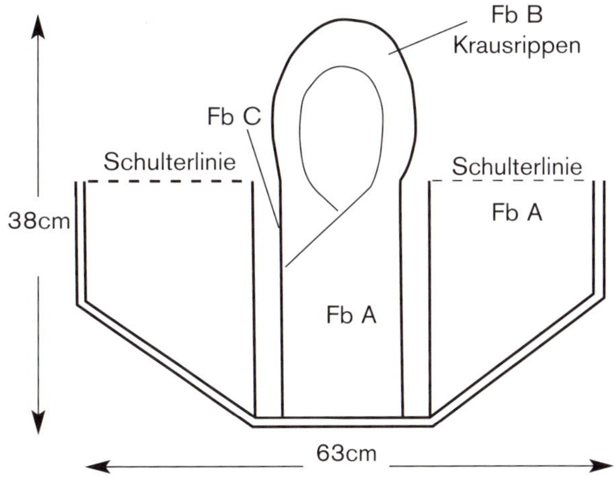

Gewalkte Wagendecke

Modell von Gwen Steege, Williamstown, MA

Diese extra warme und kuschelige Wagendecke wird in Norwegertechnik auf Rundstricknadeln gestrickt, dann gewalkt und erst nach dem Walken senkrecht aufgeschnitten. Der Satinrand gibt ihr nicht nur einen Hauch von Raffinesse, sondern lässt auch die Schnittkanten sowie Anschlag- und Abkettrand darunter verschwinden.

Größe vor dem Walken: 81 x 84 cm

Größe nach dem Walken: 74 x 76 cm

Garn: *Brown Sheep Lamb's Pride* (85 % Wolle, 15 % Mohair)

ca. 450 g in Altrosa (Fb A)

ca. 350 g in Sonnengelb (Fb B)

ca. 350 g in Winterblau (Fb C)

ca. 100 g in Grün (Fb D)

ca. 100 g in Natur (Fb E)

Stricknadeln: Rundstricknadel Nr. 6,5, 60 cm lang, oder andere Stärke gemäß Maschenprobe

Maschenprobe: 18 M mit Nd Nr. 6,5 im Norwegermuster gestrickt = 10 cm

Zubehör: Wollnadel mit stumpfer Spitze; Markierungsringe; 3,5 m Satinband, 10 cm breit

Hinweis: Das Satinband wird um die Kanten der aufgeschnittenen Decke umgelegt und als 5 cm breite Einfassung aufgenäht.

abk = abketten ◆ **Fb** = Farbe ◆ **li** = links/linke ◆ **M** = Masche(n) ◆ **Nd** = Nadel ◆ **Rd** = Runde(n) ◆ **re** = rechts/rechte

NORWEGERMUSTER

Hinweis: Die 9 Maschen am Beginn und Ende jeder Runde ergeben die Seitenränder der Decke und verschwinden unter dem Satinband, ebenso wie ein etwa 5 cm breiter Streifen am oberen und unteren Rand.

144 M in Fb B anschl. Markierungsring einhängen, um das Ende der Runde zu kennzeichnen.

1. Runde: 9 M re; nach dem Zählmuster auf der Seite 101, beginnend in der Ecke rechts unten, glatt re weiterstr. Die 9 M des Zählmusters 14 x wdh; enden mit 9 M re in Fb B.

Nächste Runden: Nach dem Zählmuster weiterstr. Nach jeder Runde Markierungsring abheben.

Bei einer Höhe von ca. 85 cm mit einer 18. Musterrunde abschließen. Alle M abk.

FERTIGSTELLUNG

Die Innenseite nach außen stülpen und alle Fadenenden auf der Rückseite der Decke vernähen.

Vom markierten Rundenbeginn abwärts bis zum Unterrand mit Heftstichen eine senkrechte Linie (= Schnittlinie) nähen.

Mit der Nähmaschine beiderseits parallel zu dieser Heftlinie im Abstand von ca. 6 mm Zickzacknähte anbringen.

Den Strickschlauch entlang der Schnittlinie zwischen den beiden Zickzacknähten vorsichtig aufschneiden und flach ausbreiten.

Die Decke mit anderen Wäschestücken (eventuell Ladung mit Handtüchern auffüllen) in die Waschmaschine geben.

Das Waschmittel für Kochwäsche wie gewohnt dosieren.

Kochwaschgang ohne Vorwäsche einschalten.

Kochwaschgang komplett (einschließlich Spülen und Schleudern) ablaufen lassen. Decke auf einem Badetuch ausbreiten, glatt und in Form ziehen (Ecken!) und an der Luft (nicht im Trockner!) trocknen lassen.

Die Decke, sobald sie ganz trocken ist, mit der rechten Seite nach oben hinlegen und mit einer feinen Draht- oder Katzenbürste in Längsrichtung bürsten, damit die Oberfläche weich und flauschig wird.

Das Satinband in 4 Teile schneiden, in der Mitte falten, über den Deckenrand umschlagen (siehe Abbildung auf Seite 101) und mit

Stecknadeln rundherum feststecken (Ecken der Seitenstreifen im 45°-Winkel einfalten; siehe Grafik unten) und in ca. 6 mm Abstand von der Kante heften.

Mit der Maschine das Band mit Zickzackstichen aufnähen. Achten Sie darauf, dass die Naht innerhalb beider (!) Bandkanten liegt. Die Naht an den Ecken mit unsichtbaren Handstichen schließen.

ZÄHLMUSTER

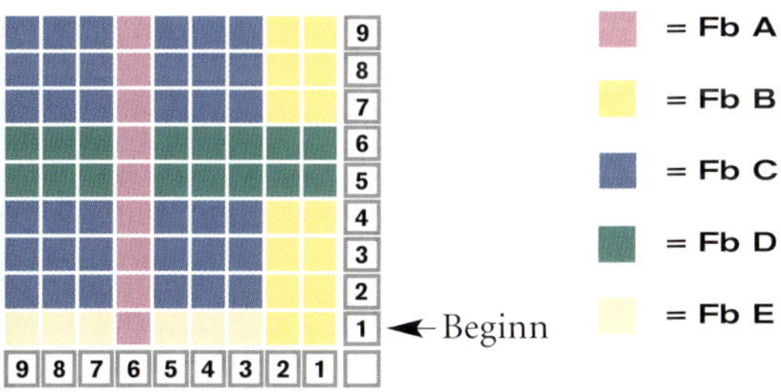

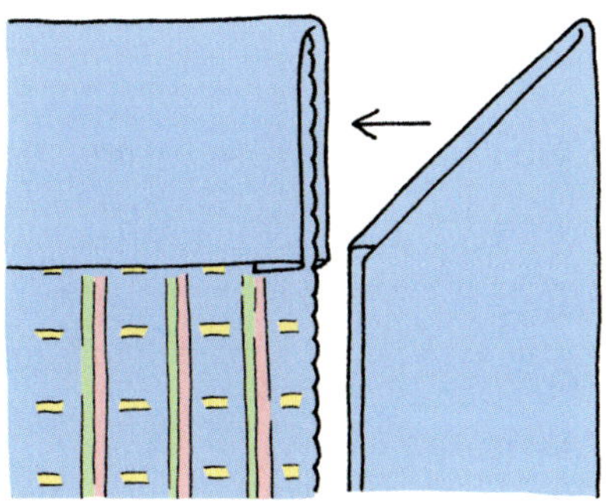

Eckbildung

Tipps für das Stricken mit vielen Farben

In den meisten Runden sind die Randmaschen mit Fb B gestrickt. Die 5., 6., 14. und 15. R jedes Mustersatzes beginnen und enden jedoch mit der Fb D. Legen Sie daher die Farbwechsel von Fb B zu D und zurück, also vor der 5., 7., 14. und 16. Runde, an den Beginn der Runde, das heißt, in die Mitte des Randstreifens. Da dieser in der Mitte durchgeschnitten wird, brauchen Sie die Fäden dann nicht einzuweben. Bei den übrigen Farbwechseln die Fadenenden auf der Rückseite einweben.

In jeder Runde kommen zwei oder drei Garnfarben vor, die Sie bei diesem Modell ganz besonders locker über die ganze Runde mitführen müssen, weil sonst beim anschließenden Walken die Spannfäden stärker eingehen als das übrige Gestrick. Dann wirft sich die Decke, und das möchten Sie sicher vermeiden. Wenn Spannfäden über mehr als drei Maschen mitgeführt werden müssen, umfangen Sie sie nach jeweils drei Maschen auf der Rückseite der Arbeit mit dem Arbeitsfaden. (Zum mehrfarbigen Stricken siehe auch Seite 19 – 21.)

Patchwork in Pastell

Modell von Gwen Steege, Williamstown, MA

Eine fröhliche Patchwork-Decke, ideal als Einschlafdecke und als unentbehrlicher Reisebegleiter. Sie ist mit weichem Baumwollflanell gefüttert und mit ihren Randschlaufen aus seidig schimmerndem Satin nicht nur hübsch anzusehen, sondern fühlt sich auch wunderbar an. Die Decke auf dem Foto wurde aus maschinenwaschbarer Wolle glatt rechts gestrickt, aber auch ein mittelstarkes Baumwollgarn wäre dafür gut geeignet.

Größe: 51 x 51 cm

Garn: *Dale of Norway Daletta* (100 % Wolle), maschinenwaschbar

ca. 50 g in Blassgelb (Fb A)
ca. 50 g in Flieder (Fb B)
ca. 50 g in Naturweiß (Fb C)
ca. 50 g in Himmelblau (Fb D)
ca. 50 g in Moosgrün (Fb E)

Nadeln:

Stricknadeln Nr. 3,5 oder andere Stärke gemäß Maschenprobe

Häkelnadel Nr. 3,5 aus Bambus oder Aluminium

Zubehör: Wollnadel mit stumpfer Spitze, 5 Garnspulen (wahlweise), 1 m Baumwollflanell für das Futter, 6 m Satinband in passenden Farben, 1 Strang Seidenstickgarn in Flieder

Fb = Farbe ◆ **li** = links/linke ◆ **M** = Masche(n) ◆ **R** = Reihe(n) ◆ **re** = rechts/rechte ◆ **str** = stricken

ERSTER FARBSTREIFEN

Hinweis: Siehe auch „Freude an Farben“ auf Seite 19 – 21. Vor dem Stricken 5 Garnspulen mit je 11 m Garn in den benötigten Farben bereitlegen.

105 M in Fb A anschlagen.

1. Reihe: 21 M re in Fb A, 21 M re in Fb B, 21 M re in Fb C, 21 M re in Fb D, 21 M re in Fb E. Diese R teilt die Farbfolge im 1. Streifen ein.

2. Reihe: 21 M li in Fb E, 21 M li in Fb D, 21 M li in Fb C, 21 M li in Fb B, 21 M li in Fb A. Bei den Farbwechseln den alten und den neuen Faden auf der Rückseite der Arbeit miteinander verkreuzen, damit kein Loch entsteht.

Glatt rechts in dieser Farbfolge weiterstr bis zu einer Höhe von 9 cm; mit einer Rück-R abschließen.

ZWEITER FARBSTREIFEN

Hinweis: Im zweiten Farbstreifen sind alle Farben um ein Quadrat nach links versetzt. Führen Sie alle Farben – bis auf Fb E, die im ersten Farbstreifen am linken Rand ansetzte – auf der Rückseite mit, um sich das lästige Abschneiden und Vernähen der Fäden zu ersparen.

1. Reihe: Fb E am linken Rand abschneiden (Ende lang genug für das Vernähen lassen!). Fb E am R-Beginn ansetzen und 21 M re damit str. (Faden in Fb A an der Rückseite mitführen und nach jeweils 3 M mit dem Arbeitsfaden umfangen.)

21 M re in Fb A, Fb B hinten mitführen.

21 M re in Fb B, Fb C hinten mitführen.

21 M re in Fb C, Fb D hinten mitführen.

21 M re in Fb D.

Glatt rechts in dieser Farbfolge weiterstr bis zu einer Höhe von 9 cm; mit einer Rück-R enden. Bei jedem Farbwechsel Fäden miteinander verkreuzen.

DRITTER FARBSTREIFEN

1. Reihe: Fb D am linken Rand abschneiden (Ende lang genug für das Vernähen lassen!). Fb D am R-Beginn ansetzen und 21 M re damit str. (Faden in Fb E an der Rückseite mitführen und nach jeweils 3 M mit dem Arbeitsfaden umfangen.)

21 M re in Fb E, Fb A hinten mitführen.

21 M re in Fb A, Fb B hinten mitführen.

21 M re in Fb B, Fb C hinten mitführen.
21 M re in Fb C.
Glatt rechts in dieser Farbfolge weiterstr bis zu einer Höhe von 9 cm; mit einer Rück-R enden.

VIERTER FARBSTREIFEN

1. Reihe: Fb C am linken Rand abschneiden (Ende lang genug für das Vernähen lassen!). Fb C am R-Beginn ansetzen und 21 M re damit str. (Faden in Fb D an der Rückseite mitführen und nach jeweils 3 M mit dem Arbeitsfaden umfangen.)
21 M re in Fb D, Fb E hinten mitführen.
21 M re in Fb E, Fb A hinten mitführen.
21 M re in Fb A, Fb B hinten mitführen.
21 M re in Fb B.
Glatt rechts in dieser Farbfolge weiterstr bis zu einer Höhe von 9 cm, mit einer Rück-R enden.

FÜNFTER FARBSTREIFEN

1. Reihe: Fb B am linken Rand abschneiden (Ende lang genug für das Vernähen lassen!). Fb B am R-Beginn ansetzen und 21 M re damit str. (Faden in Fb C an der Rückseite mitführen und nach jeweils 3 M mit dem Arbeitsfaden umfangen.)
21 M re in Fb C, Fb D hinten mitführen.
21 M re in Fb D, Fb E hinten mitführen.
21 M re in Fb E, Fb A hinten mitführen.
21 M re in Fb A.
Glatt re in dieser Farbfolge weiterstr bis zu einer Höhe von 9 cm, mit einer Rück-R enden. Alle M in Fb A abketten.

HÄKELRAND

1. – 2. Reihe: Mit der Häkelnadel Nr. 3,5 in Fb A rund um den Deckenrand 2 Reihen feste Maschen häkeln. In allen vier Ecken jeweils 3 feste Maschen in die Eck-Masche häkeln.
3. – 4. Reihe: Fb A abschneiden (Ende lang genug für das Vernähen lassen!). Zu Fb E wechseln und die 1. – 2. Reihe wdh.
5. – 6. Reihe: Fb E abschneiden (Ende lang genug für das Vernähen lassen!). Zu Fb D wechseln und die 1. – 2. Reihe wdh.
7. – 8. Reihe: Fb D abschneiden (Ende lang genug für das Vernähen lassen!). Zu Fb C wechseln und die 1. – 2. Reihe wdh.

9. Reihe: Fb C abschneiden (Ende lang genug für das Vernähen lassen!). Zu Fb B wechseln und die 1. Reihe wdh. Am R-Ende den Arbeitsfaden durch die letzte Schlinge ziehen.

FERTIGSTELLUNG

Alle Fadenenden auf der Rückseite der Decke vernähen.

Decke nach der Anleitung auf Seite 21 spannen und dämpfen.

Baumwollflanell für das Futter so zuschneiden, dass er an allen vier Seiten der Decke um 2,5 cm übersteht.

An allen vier Stoffkanten einen 2,5 cm breiten Saum einschlagen und bügeln.

Vom Satinband 10 cm lange Stücke abschneiden. Jedes Stück auf halbe Länge falten und so auf die Rückseite des Futtersaums heften, dass die Schlaufen knapp 4 cm überstehen (siehe Abbildung rechts). Schlaufen in beliebiger Farbfolge anordnen: Es sollten je 2 Schlaufen innerhalb eines Farbquadrats und 1 Schlaufe auf der Farbwechsel-Linie erscheinen.

Bänder mit der Nähmaschine in einem Nahtabstand von ca. 3 mm zur eingeschlagenen Futterkante auf das Futter nähen.

Das Futter links auf links auf die Decke heften. Mit einem starken Nähgarn die Decken- und Futterränder im Saumstich zusammennähen.

Die Decke auf eine ebene Unterlage legen. Decke und Futter glatt streichen und beide Lagen in der Mitte jedes Farbquadrats mit Stecknadeln zusammenheften.

Bandschlaufen am Futter anheften

Margeriten- und Knötchenstich

Sticken Sie mit drei Fäden Stickgarn eine vierblättrige Blüte auf die Ecken der Farbquadrate. Stechen Sie die Nadel von der Rückseite der Decke in die Blütenmitte ein (Fadenende hinten 7,5 cm lang lassen), sticken Sie die Blätter im Margeritenstich und zum Schluss einen Knötchenstich in die Mitte, bevor Sie ca. 3 mm neben der Ausstichstelle wieder zur Rückseite hin einstechen. Faden abschneiden, verknoten und auf 2 cm kürzen.

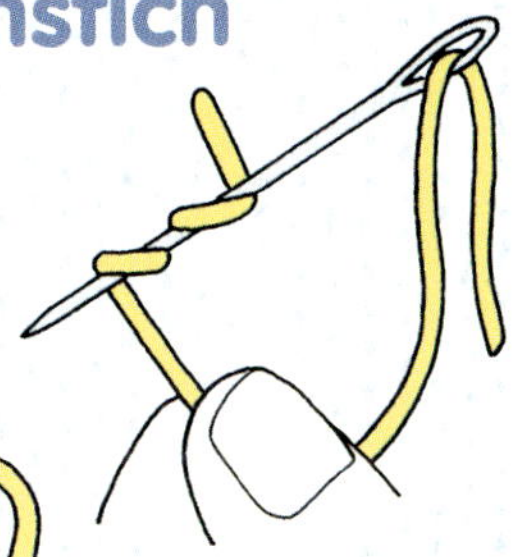

Knötchenstich

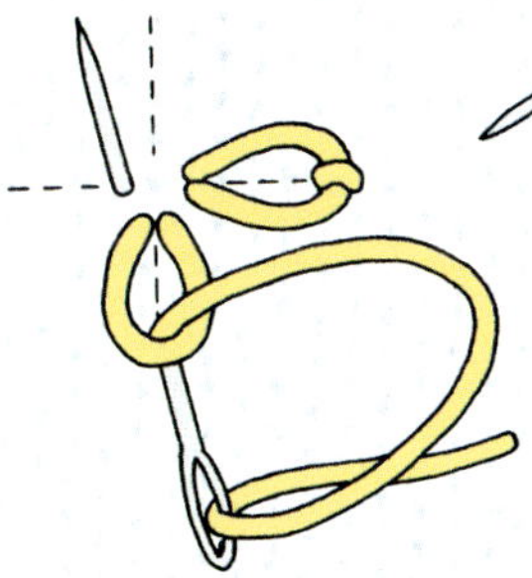

Margeritenstich

Geometrie zum Anfassen

Modell von Barbara Telford, Woodsmoke Woolworks

Immer wieder fällt auf, dass kräftige Farbkontraste und geometrische Formen – wie sie auf dieser Decke zu finden sind – anziehend auf Babys wirken und vielleicht sogar die Entwicklung des Sehsinns fördern. Die neun Quadrate dieser Decke werden einzeln glatt rechts gestrickt (passen also in jede Handtasche!) und dann mit unsichtbaren Stichen zusammengenäht. Ein gestrickter Randstreifen umrahmt das Mittelfeld.

Größe: 82 x 82 cm

Garn: *Brown Sheep Lamb's Pride Superwash* (100 % Wolle; Garn mittlerer Stärke)

ca. 200 g in Weiß (Fb A)

ca. 200 g in Nachtblau (Fb B)

ca. 200 g in Siegelrot (Fb C)

ca. 200 g in Sonnenblumengelb (Fb D)

Stricknadeln:

5 Rundstricknadeln Nr. 4,5, möglichst lang, oder andere Stärke gemäß Maschenprobe

Nadelspiel Nr. 4,5 oder andere Stärke wie oben

Maschenprobe: 20 M mit Nd Nr. 4,5 glatt re gestrickt = 10 cm

Zubehör: Wollnadel mit stumpfer Spitze; Markierungsringe; Häkelnadel Nr. 6; Baumwollgarn (Rest) als Hilfsgarn

Hinweis: Bei dieser Decke werden die Zunahmen durch Herausstricken von 2 Maschen aus 1 Masche der Vorreihe bzw. -runde gearbeitet.

abk = abketten ◆ **Fb** = Farbe(n) ◆ **li** = links/linke ◆ **M** = Masche(n) ◆ **Rd** = Runde(n) ◆ **re** = rechts/rechte ◆ **str** = stricken ◆ **zun** = zunehmen

QUADRATE STRICKEN

In der jeweiligen Farbfolge nach den Zählmustern auf Seite 114 und 115 str, beginnend mit Zeile 1. Nach jedem der drei Muster drei Quadrate arbeiten. Farben beim Stricken mitführen, Spannfäden über mehr als 3 M mit dem Arbeitsfaden umfangen (siehe auch Seite 19/20).

4 M mit dem Nadelspiel Nr. 4,5 in der Fb gemäß Zählmuster anschlagen.

1. Reihe: In allen 4 li M je 1 M zun (= 8 M).

Die M gleichmäßig auf 4 Nd verteilen (= 2 M pro Nd) und zur Runde schließen. Die für jede folgende Runde für 1 Nd angegebene M-Folge muss auf den übrigen 3 Nd wiederholt werden.

2. Runde: In beiden re M jeweils 1 M zun (= 4 M pro Nd). Die 1. M auf jeder Nd ist die Eck-M. Die Zunahme am Beginn der Zunahme-R wird in die M nach der Eck-M gearbeitet.
Hinweis: Die Eck-M stets in derselben Fb arbeiten wie die M danach.

3. Runde: 1 M re, 1 M zun, re M weiterstr; enden mit 1 M zun (= 6 M pro Nd).

4. Runde: Re M str.

Nach Zählmuster weiterstr und aus der 1. und letzten M jeder Nd in jeweils 3 von 4 Rd bis zum Abschluss des Quadrats 1 M zun, bis die M-Zahl 48 pro Nd erreicht ist.

In der 10. und 29. Rd der Quadrate mit Kreisen werden Noppen gestrickt (Anleitung siehe Seite 114).

Nach der letzten Runde des Zählmusters alle M links abketten, wenn Sie die Quadrate anschließend zusammennähen. Siehe auch Alternative unter „Schöne Nähte" auf der S. 112.

MITTELFELD ZUSAMMENNÄHEN

Die Quadrate wie auf dem Foto S. 109 gezeigt zusammenstellen – entweder rechts auf rechts legen und nähen oder im Maschenstich verbinden (siehe Seite 112). Zuerst je drei Quadrate zu einem Dreierstreifen, dann die drei Streifen zum Quadrat zusammenfügen.

GESTRICKTER RAND

Mit 4 Rundstricknadeln in Fb B an allen 4 Rändern der Decke alle Maschen einzeln aufnehmen und rechts str (= 144 M pro Nadel). Den Rand mit den Rundstricknadeln ebenso in Runden str wie zuvor die einzelnen Quadrate.

1. Runde: 1 M re, 1 M zun, re M weiterstr; enden mit 1 M zun (= 146 M pro Nd).
2. Runde: 1 M re, 1 M zun, re M weiterstr; enden mit 1 M zun (= 148 M pro Nd).
3. Runde: 1 M re, 1 M zun, re M weiterstr; enden mit 1 M zun (= 150 M pro Nd).
4. Runde: Re M str.
5. Runde: Beginn des Schachbrettmusters (siehe Seite 115) mit je 3 M in Fb A und 3 M in Fb C. Alle M re str (= 150 M pro Nd).
6. Runde: Im Schachbrettmuster 1 M re, 1 M zun, re M weiterstr; enden mit 1 M zun (= 152 M pro Nd).
7. Runde: 1 M re, 1 M zun, re M weiterstr; enden mit 1 M zun (= 154 M pro Nd).
8. Runde: 1 M re, 1 M zun, re M weiterstr; enden mit 1 M zun (= 156 M pro Nd).
9. Runde: Zu Fb B wechseln und re M weiterstr bis zum Ende der Runde.
10. Runde: 1 M li, 1 M zun, li M weiterstr; enden mit 1 M zun (= 158 M pro Nd).

11. Runde: 1 M re, 1 M zun, re M weiterstr, enden mit 1 M zun (= 160 M pro Nd).
12. Runde: 1 M li, 1 M zun, li M weiterstr; enden mit 1 M zun (= 162 M pro Nd).
Alle M links abk. Faden abschneiden. Enden auf der Rückseite der Arbeit vernähen.

Schöne Nähte

Natürlich können Sie die Quadrate von Hand zusammennähen wie gewohnt, schöner jedoch wirkt die Verbindung im Maschenstich, die wir hier vorstellen. Wenn Sie diese Technik anwenden wollen, die Maschen der letzten Runde jedes Quadrats nicht abketten, sondern auf Hilfsgarn stilllegen. Übernehmen Sie die M jedes Quadrats (einschließlich beider Eckmaschen) vor dem Zusammennähen wieder auf eine Stricknadel, legen Sie die Teile links auf links und gehen Sie nach der Anleitung auf S. 113 vor. Nähen Sie zuerst 3 Streifen aus je 3 Quadraten und diese in derselben Technik zur Decke zusammen.

Hinweis: Nur auf sehr langen Nadeln haben drei Quadrate auf einmal Platz; sonst bearbeiten Sie die Quadrate nacheinander.

Naht im Maschenstich

1. Zwei Strickteile links auf links aufeinander legen. Mit der Wollnadel wie beim Rechtsstricken durch die erste M auf der vorderen Nd einstechen, Faden durchziehen und die M von der Nd gleiten lassen.

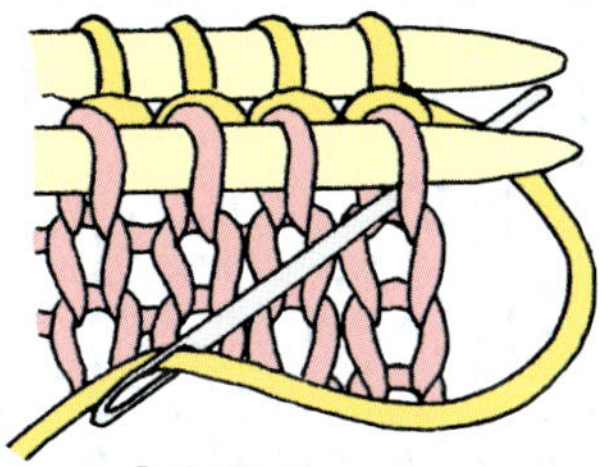

Schritt 1

2. Wollnadel wie beim Linksstricken durch die zweite M der vorderen Nd führen, aber die M auf der Nd lassen.

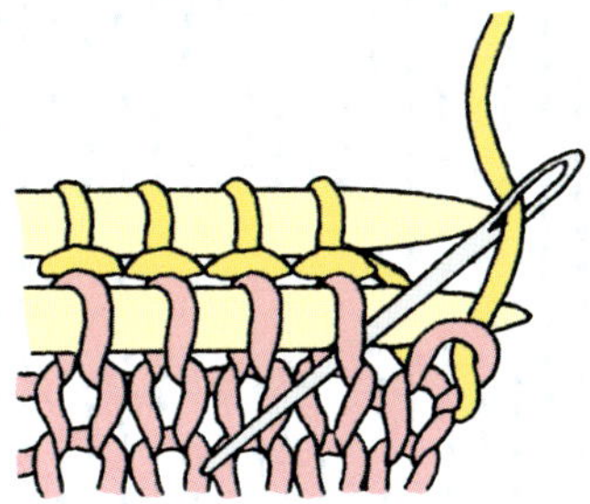

Schritt 2

3. Wollnadel wie beim Linksstricken durch die erste M der hinteren Nadel führen und die M von der Nd gleiten lassen.

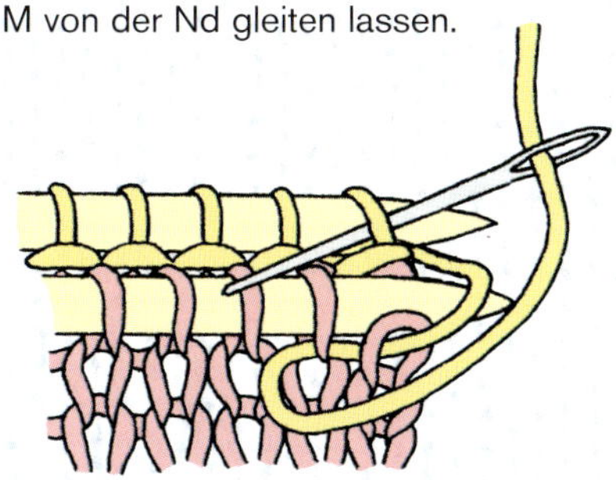

Schritt 3

4. Wollnadel wie beim Rechtsstricken durch die zweite M der hinteren Nd führen; M auf der Nd lassen. Schritte 1 – 4 wiederholen, bis keine M mehr auf den Nd sind.

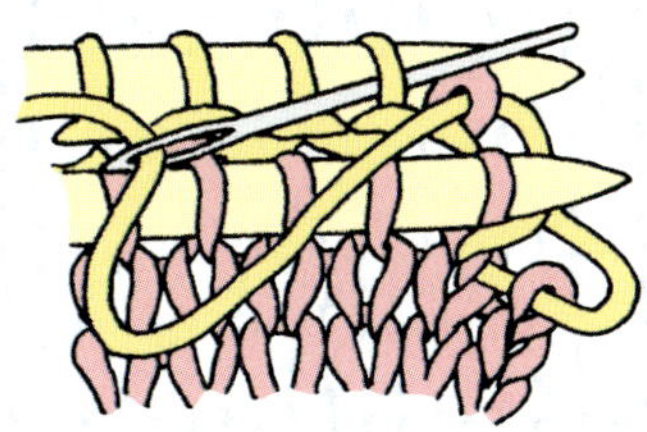

Schritt 4

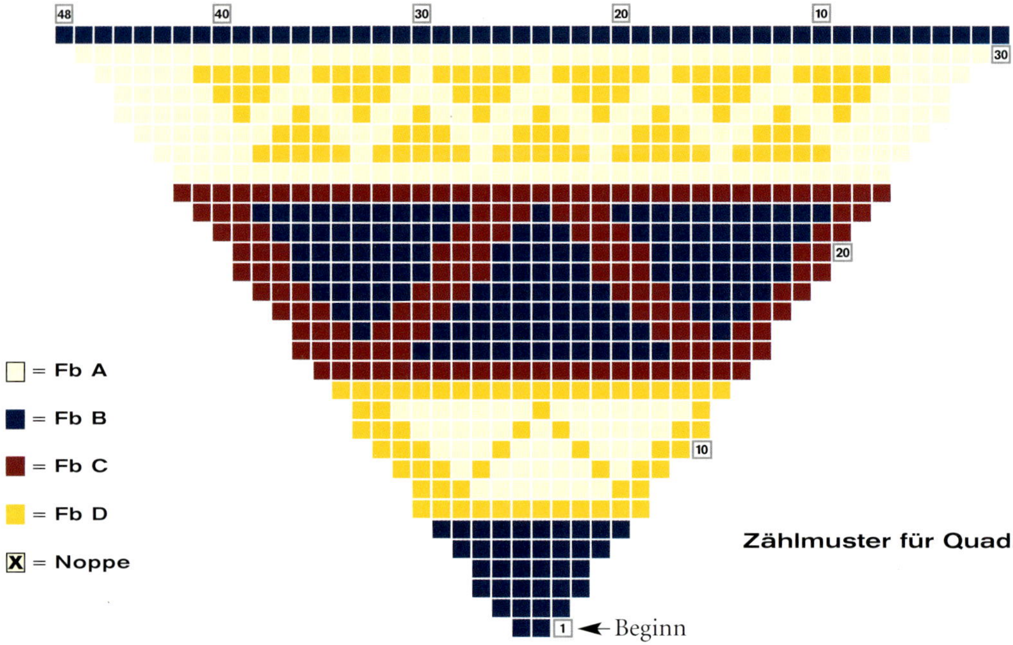

Zählmuster für Quadrat 1

Noppen stricken

Das Zählmuster für Quadrat 3 enthält eingestrickte Noppen (mit X gekennzeichnet). Sie entstehen, indem man aus einer einzelnen Masche mehrere Maschen herausstrickt, nur über diese Zunahme-Maschen noch eine oder mehrere Reihen strickt und dann wieder bis zu einer einzigen Masche abnimmt. Für 1 runde Noppe 4 M re mit Fb A aus der Noppen-M herausstr (je 1 M re in das vordere, hintere, vordere und noch einmal ins hintere Glied derselben M). Wenden und 4 M li str; wenden und 4 M re verschr zusstr. In der Fb der jeweiligen Reihe oder Runde (siehe Zählmuster) die ursprüngliche Noppen-M aufnehmen und re str, dann die Rest-M der Noppe darüber ziehen.

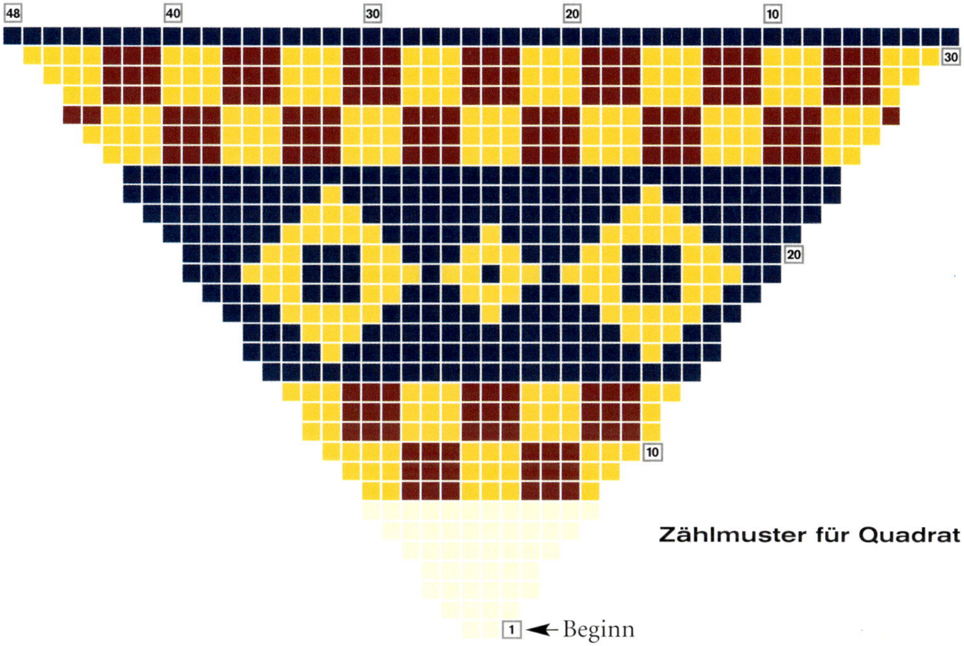

Zählmuster für Quadrat 2

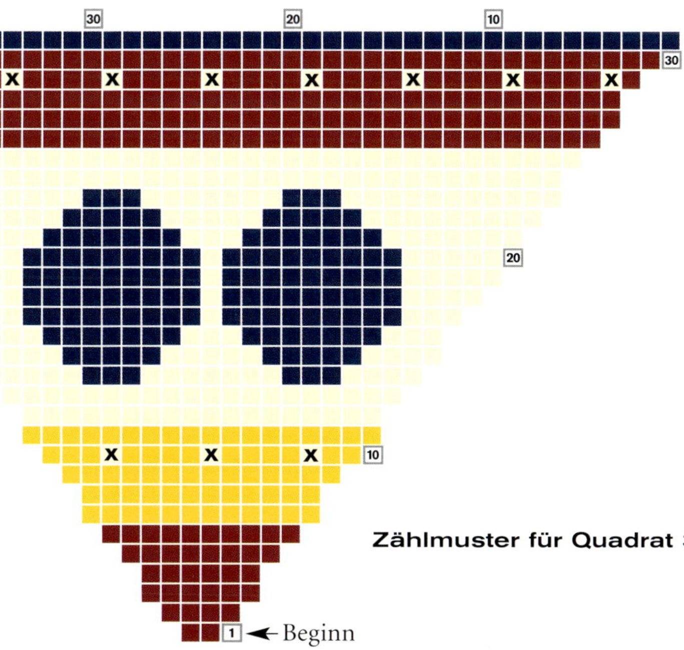

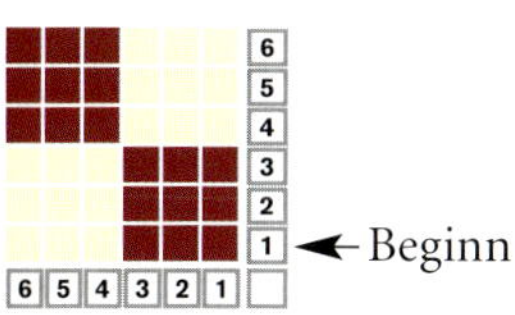

Zählmuster für Quadrat 3

Wende-Herzen

Modell von Beverly Galeskas, Fiber Trends

Die glatt rechts gestrickten Herzen dieser Decke heben sich durch den Lochrand dekorativ vom Krausrippen-Hintergrund der Decke ab. Das Muster sieht zwar an der Vorder- und Rückseite unterschiedlich aus, doch es gibt in diesem Fall keine rechte und linke Seite – beide sind einfach schön. Dieses Modell ist anspruchsvoll, weil die Maschen und Reihen genau gezählt werden müssen, damit die Herzen schließlich auch wirklich in Reih und Glied stehen.

Größe: Kleine Decke: 76 x 91,5 cm
Mittelgroße Decke: 96,5 x 122,5 cm

Garn: *Cotton Clouds Softball* (100 % Baumwolle in Heliotrop)

Kleine Decke: ca. 600 g

Mittelgroße Decke: ca. 950 g

Stricknadeln: Rundstricknadel Nr. 4,5, 80 cm lang, oder andere Stärke gemäß Maschenprobe

Maschenprobe: 18 M mit Nd Nr. 4,5 glatt re gestrickt = 10 cm

Zubehör: Wollnadel mit stumpfer Spitze; Reihenzähler

abh = abheben ◆ **li** = links/linke ◆ **M** = Masche(n) ◆ **R** = Reihe(n) ◆ **re** = rechts/rechte ◆ **U** = Umschlag ◆ **wdh** = wiederholen

Spezielle Abkürzungen: DAbnL = Doppelte Abnahme mit Linksneigung ◆ **DAbnR** = Doppelte Abnahme mit Rechtsneigung ◆ **2MreVZ** = 2 M rechts verschränkt zusammenstricken ◆ **2MreZ** = 2 M rechts zusammenstricken ◆ **2MreÜbZ** = 2 M re überzogen zusammenstricken

UNTERER RANDSTREIFEN	Klein	Mittel
Mit der Rundstricknadel Nr. 4,5 mm ... M anschlagen	135 M	169 M
1. – 11. Reihe: Re M str; enden mit 1 M abh.		
12. Reihe: 6 M re, *1 U, 2MreZ; ab * fortlfd wdh; letzte 5 M = 4 M re, 1 M abh. Die M-Zahl auf der Nd ist dieselbe wie in der Anschlag-R.	135 M	169 M
HERZMUSTER		
Hinweis: Wenn Sie lieber nach einer Strickschrift statt nach der nun folgenden Anleitung stricken, so finden Sie diese auf Seite 121. 13. – 15. Reihe (Strickschrift Zeile 1–3): Re M str, enden mit 1 M abh.		
16. Reihe: 6 M re, 1 U, 2MreVZ, re M weiterstr; letzte 8 M = 2MreZ, 1 U, 5 M re, 1 M abh.		
17. – 19. Reihe: Re M str; enden mit 1 M abh.		
20. Reihe: 6 M re, 1 U, 2MreVZ, 6 M re, *2MreZ, 1 U, 1 M re, 1 U, 2MreVZ, 12 M re; ab * fortlfd wdh; letzte 19 M = 2MreZ, 1 U, 1 M re, 1 U, 2MreVZ, 6 M re, 2MreZ, 1 U, 5 M re, 1 M abh.		
21. Reihe: 15 M re, *3 M li, 14 M re; ab * fortlfd wdh; letzte 18 M = 3 M li, 14 M re, 1 M abh.		
22. Reihe: 13 M re, *2MreZ, 1 U, 3 M re, 1 U, 2MreVZ, 10 M re; ab * fortlfd wdh; letzte 20 M = 2MreZ, 1 U, 3 M re, 1 U, 2MreVZ, 12 M re, 1 M abh.		
23. Reihe: 14 M re, *5 M li, 12 M re; ab * fortlfd wdh; letzte 19 M = 5 M li, 13 M re, 1 M abh.		
24. Reihe: 6 M re, 1 U, 2MreVZ, 4 M re, *2MreZ, 1 U, 5 M re, 1 U, 2MreVZ, 8 M re; ab * fortlfd wdh; letzte 21 M = 2MreZ, 1 U, 5 M re, 1 U, 2MreVZ, 4 M re, 2MreZ, 1 U, 5 M re, 1 M abh.		
25. Reihe: 13 M re, *7 M li, 10 M re; ab * fortlfd wdh; letzte 20 M = 7 M li, 12 M re, 1 M abh.		
26. Reihe: 11 M re, *2MreZ, 1 U, 7 M re, 1 U, 2MreVZ, 6 M re; ab * fortlfd wdh; letzte 22 M = 2MreZ, 1 U, 7 M re, 1 U, 2MreVZ, 10 M re, 1 M abh.		
27. Reihe: 12 M re, *9 M li, 8 M re; ab * fortlfd wdh; letzte 21 M = 9 M li, 11 M re, 1 M abh.		

Doppelte Abnahmen

Bei Lochmustern kommt es besonders auf die Abnahmen an, damit die Löcher an der richtigen Stelle entstehen. Doppelte Abnahmen mit je 1 Loch rechts und links von einer Mittelmasche sind besonders schwierig zu stricken. So stricken Sie Doppelabnahmen, deren Mittelmasche sich nach links bzw. rechts neigt:

Doppelte Abnahme nach links (DAbnL): 1 M abh, 2MreZ, dann die abgehobene M über die zusammengestrickte M ziehen.

Doppelte Abnahme nach rechts (DAbnR): 2MreVZ; Rest-M auf die linke Nd legen, die nächste M darüber ziehen und von der Nd gleiten lassen, M wieder auf die re Nd legen.

	KLEIN	MITTEL
28. Reihe: 6 M re, 1 U, 2MreVZ, 2 M re, *2MreZ, 1 U, 9 M re, 1 U, 2MreVZ, 4 M re; ab * fortlfd wdh; letzte 23 M = 2MreZ, 1 U, 9 M re, 1 U, 2MreVZ, 2 M re, 2MreZ, 1 U, 5 M re, 1 M abh.		
29. Reihe: 11 M re; *11 M li, 6 M re; ab * fortlfd wdh; letzte 22 M = 11 M li, 10 M re, 1 M abh.		
30. Reihe: 9 M re, *2MreZ, 1 U, 11 M re, 1 U, 2MreVZ, 2 M re; ab * fortlfd wdh; letzte 24 M = 2MreZ, 1 U, 11 M re, 1 U, 2MreVZ, 8 M re, 1 M abh.		
31. Reihe: 10 M re, *13 M li, 4 M re; ab * fortlfd wdh; letzte 23 M = 13 M li, 9 M re, 1 M abh.		
32. Reihe: 6 M re, 1 U, 2MreVZ, 2 M re, *1 U, 2MreZ, 4 M re, 1 U, 2MreZ, 3 M re, 2MreVZ, 1 U, 4 M re; ab * fortlfd wdh; letzte 23 M = 1 U, 2MreZ, 4 M re, 1 U, 2MreZ, 3 M re, 2MreVZ, 1 U, 2 M re, 2MreZ, 1 U, 5 M re, 1 M abh.		
33. Reihe: 11 M re, *5 M li, 1 M re, 5 M li, 6 M re; ab * fortlfd wdh; letzte 22 M = 5 M li, 1 M re, 5 M li, 10 M re, 1 M abh.		
34. Reihe: 11 M re, *1 U, 2MreZ, 1 M re, 2MreVZ, 1 U, 1 M re, 1 U, 2MreZ, 1 M re, 2MreVZ, 1 U, 6 M re; ab * fortlfd wdh; letzte 22 M = 1 U, 2MreZ, 1 M re, 2MreVZ, 1 U, 1 M re, 1 U, 2MreZ, 1 M re, 2MreVZ, 1 U, 10 M re, 1 M abh.		
35. Reihe: 12 M re, *3 M li, 3 M re, 3 M li, 8 M re; ab * fortlfd wdh; letzte 21 M = 3 M li, 3 M re, 3 M li, 11 M re, 1 M abh.		

	Klein	Mittel
36. Reihe: 6 M re, 1 U, 2MreVZ, 4 M re, *1 U, DAbnL, 1 U, 3 M re, 1 U, DAbnR, 1 U, 8 M re; ab * fortlfd wdh; letzte 21 M = 1 U, DAbnL, 1 U, 3 M re, 1 U, DAbnR, 1 U, 4 M re, 2MreZ, 1 U, 5 M re, 1 M abh. (Anleitung für DAbnL und DAbnR siehe Seite 119.)		
13. – 36. Reihe noch . . . x wdh.	11 x	13 x
13. – 19. Reihe noch 1 x wdh.		
Oberer Randstreifen		
1. Reihe: 6 M re, *1 U, 2MreZ; ab * fortlfd wdh; letzte 5 M = 4 M re, 1 M abh.		
2. – 10. Reihe: Jede Reihe re M str; enden mit 1 M abh.		
Alle M locker rechts abketten.		
Fertigstellung		
Faden abschneiden. Fadenenden der Wende-Decke sorgfältig vernähen.		

Randmaschen bei Krausrippen

Damit bei Krausrippen die Ränder sauber ausfallen, heben Sie die letzte Masche jeder Reihe so ab, dass der Faden hinten liegt. Nach dem Wenden stechen Sie die Nadel in die erste Masche ein, legen den Faden vorne quer über diese Masche nach hinten und stricken dann die Masche rechts ab.

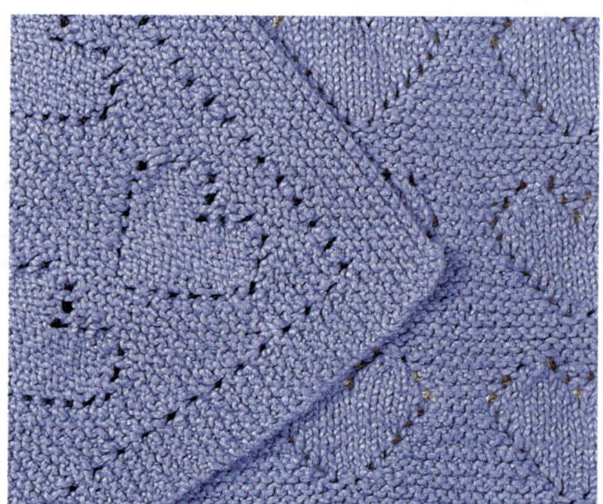

STRICKSCHRIFT FÜR DIE HERZEN

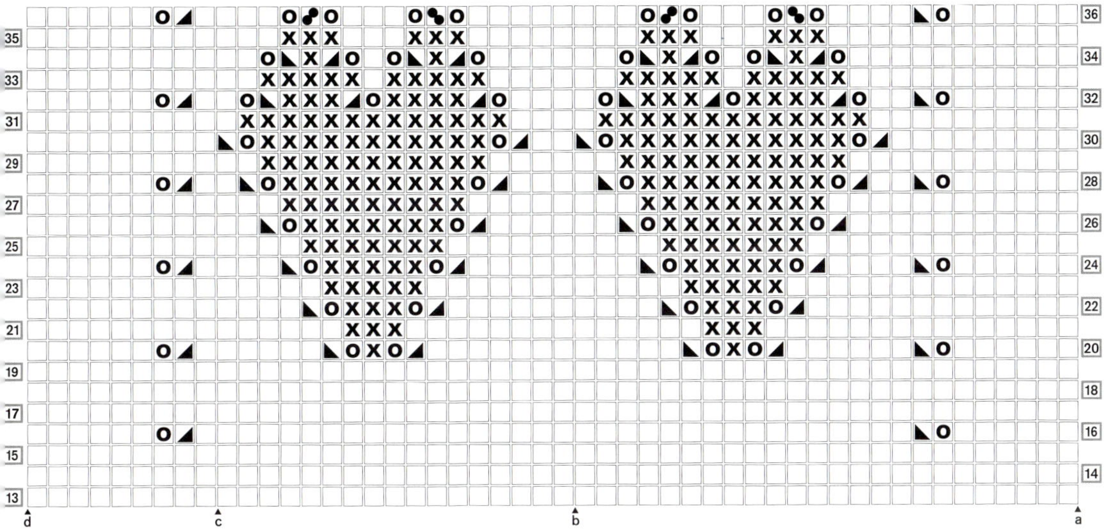

- ☐ = re M in Hin- und Rück-R
- **x** = re M in Hin-R; li M in Rück-R
- ◢ = 2MreZ
- ◣ = 2MreVZ
- **o** = Umschlag
- = DAbnL: Doppelte Abnahme nach links (1 M abh, 2MreZ, abgeh. M darüber ziehen)
- = DAbnR: Doppelte Abnahme nach rechts (2MreVZ; diese M auf die li Nd legen, die nächste M darüber ziehen und von der Nd gleiten lassen, M wieder auf die re Nd legen.

Hinweis: Die letzte Masche jeder Reihe abheben; der Faden liegt hinter der Arbeit. Die Strickanleitung für die Decke ist in Textform auf den Seiten 118 – 120 zu finden. Sie können aber auch nach der oben abgedruckten Strickschrift arbeiten.

1. Die 1. – 12. Reihe nach Anleitung (Seite 118), ab der 13. Reihe (Rück-R) nach der Strickschrift (oben) str.

2. Ungerade Reihen von links nach rechts arbeiten. Beginnen Sie mit den Maschen zwischen den Punkten d und c; danach die Maschen zwischen c und b fortlaufend wiederholen bis zu den letzten 24 Maschen; enden mit den Maschen zwischen b und a.

3. Gerade Reihen von rechts nach links arbeiten: zuerst die Maschen zwischen a und b stricken; danach die Maschen zwischen b und c fortlaufend wiederholen bis zu den letzten 9 Maschen; enden mit den Maschen zwischen c und d.

4. Die 13. – 36. Reihe für die kleine Decke insgesamt 12 x, für die mittlere Größe 14 x arb, danach die 13. – 19. Reihe noch 1 x wdh. Folgen Sie der Anleitung auf Seite 120 für die Fertigstellung des oberen Deckenrandes.

Die Garnbanderole

Alle Informationen über Zusammensetzung, Lauflänge, empfohlene Nadelstärke und Pflege eines Garns können Sie der Banderole oder dem Einstecker im Garnknäuel entnehmen. Am besten bewahren Sie deshalb zu jedem handgestrickten Modell eine Banderole zusammen mit etwas Garn auf, um beispielsweise die Pflegehinweise jederzeit zur Hand zu haben.

MATERIAL-ZUSAMMENSETZUNG

Hier erfahren Sie, ob Ihr Garn aus einer einzigen Faserart besteht oder beispielsweise Schurwolle und synthetische Fasern enthält.

GEWICHT UND LAUFLÄNGE

Die Lauflänge gibt Auskunft darüber, wie viele Meter Garn ein Knäuel des angegebenen Gewichts enthält. Dicke und schwere Garne laufen weniger weit als dünne oder aus besonders leichten Fasern hergestellte Garne. Die Lauflänge ist wichtig, wenn Sie für Ihr Wunschmodell ein anderes als das in der Anleitung angegebene Garn verwenden wollen.

HERSTELLERFIRMA UND GARNMARKE

Meist wird in der Anleitung zu einem Modell ein bestimmtes Garn empfohlen. Wenn Sie das ange-

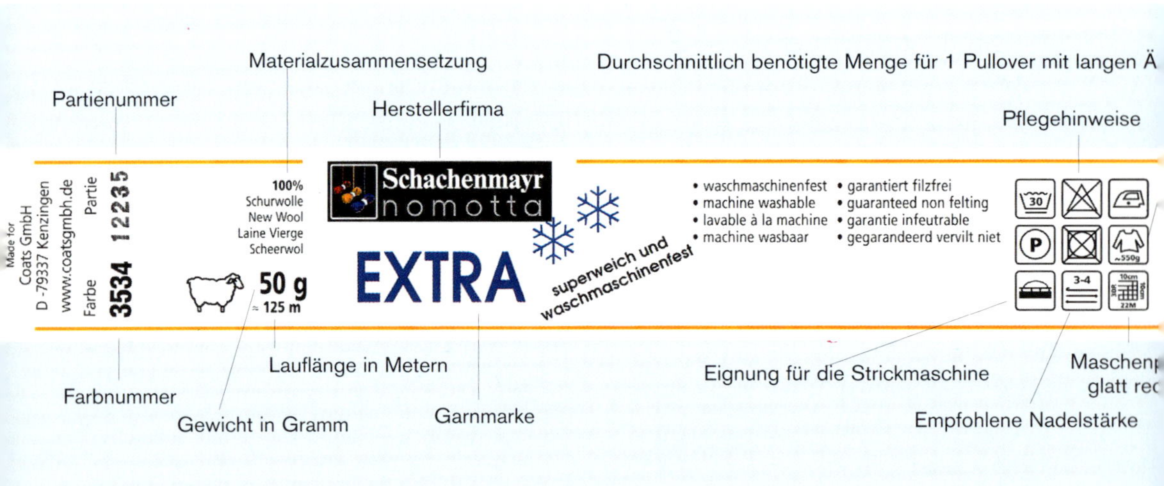

gebene Garn verwenden, können Sie sicher sein, dass Ihr Traummodell so gelingt wie das abgebildete Originalmodell.

Falls Sie das Originalgarn nicht im Handel finden, können Sie Ihr Traummodell auch aus einem anderen Garn stricken, zumal wenn es sich um eine einfaches Woll-, Baumwoll- oder Mischgarn handelt. Suchen Sie dann ein Garn, das in Materialzusammensetzung, empfohlener Nadelstärke und Lauflänge mit dem Originalgarn übereinstimmt, und arbeiten Sie unbedingt eine Maschenprobe. Schwerer auszutauschen sind Effektgarne, die jedoch für Babydecken ohnehin kaum verwendet werden.

PFLEGEHINWEISE, MENGE, NADELSTÄRKE UND MASCHENPROBE

Eine Gruppe von Symbolen informiert darüber, wie Sie Ihr handgestricktes Modell richtig pflegen, wie viel Garn durchschnittlich für einen Pullover benötigt wird und ob das Garn mit der Strickmaschine verarbeitet werden kann. Die empfohlene Nadelstärke und die Maschenprobe sind neben der Lauflänge die wichtigsten Angaben, wenn Sie Garne austauschen wollen. Vergleichen Sie die Maschenprobe (= die Zahl der Maschen und Reihen auf 10 x 10 cm) und die Nadelstärke mit den Angaben in der Anleitung.

Foto: Klaus Lipa

FARB- UND PARTIENUMMER

Jede Herstellerfirma vergibt Nummern für die verschiedenen Farben ihres Sortiments. Zusätzlich werden die Knäuel des Garns, das in ein und demselben Farbbad gefärbt wurde, mit einer Partienummer versehen. Kaufen Sie für ein Modell stets Knäuel derselben Partie, weil die Farbe von einem Farbbad zu anderen jeweils leicht unterschiedlich ausfallen kann.

Unser Tipp: Um auf jeden Fall das gesamte Modell mit Garn einer Partie arbeiten zu können, kaufen Sie lieber einen Knäuel mehr als angegeben. Viele Fachgeschäfte nehmen komplette Restknäuel innerhalb einer angemessenen Frist zurück oder legen Ihnen einzelne Knäuel für einige Wochen zurück, bis Sie den Materialbedarf genauer abschätzen können.

Danksagung

Unser Dank für die Mitwirkung an den Babydecken in diesem Buch gilt ganz besonders

allen Strickerinnen für die Entwürfe und Strickanleitungen
sowie für das Nachstricken der Modelle für die Fotos:
Dori Betjemann, Rebecca Bienn, Ann Burch, Linda Burt, Kathleen Case,
Mary Ellen Czerniak, Linda Daniels, Diana Foster, Ruth Fresia, Beverly Galeskas,
Mary Johnson, Danielle Kadinoff, Alison Kolesar, Margaret Radcliffe, Rita Riley,
Louise Silverman, Barbara Telford und Sarah Thurston, sowie
den Garnherstellern für die Bereitstellung der Strickgarne:
Brown Sheep Company, Cotton Clouds, Dale of Norway,
Plymouth Yarn Company und Tahki Stacy Charles.

BEZUGSQUELLEN

Da die Deckenmodelle für dieses Buch in Nordamerika zusammengestellt wurden, sind die Originalgarne vor Ort nicht immer erhältlich. Verwenden Sie dann Alternativgarne ähnlicher Zusammensetzung und gleicher Maschenprobe oder nehmen Sie über das Internet Kontakt zu den Herstellern der Originalgarne bzw. zu Bestelladressen in Deutschland für Alternativgarne auf.

Hersteller der Originalgarne :

Brown Sheep Company
www.brownsheep.com

Cotton Clouds
www.cottonclouds.com

Dale of Norway AS
www.dale.no

Plymouth Yarn Company
pyc@plymouthyarn.com

Tahki Stacy Charles, Inc.
www.tahkistacycharles.com

Bestelladressen in Deutschland für Alternativgarne:

WOLLE UND DESIGN
Wolfshovener Str. 76
52428 Jülich-Stetternich
Tel.: 02461-54735
Fax: 02461-4535
www.wolleunddesign.de

DIE WOLLE Michael Scholz
Müllerstraße 50
80469 München
Tel.: 089-265852
Fax: 089-1495253
MichaelScholz.dieWolle@web.de

Bezugsquellen für Schachen-mayr-Garne nennt:
Coats GmbH
Kaiserstraße 1
79337 Kenzingen
Tel.: 07644-802-0
Fax: 07644-802-252
www.coatsgmbh.de

Wollywood e.K.
Wolle und Handarbeiten
Bahnhofstraße 7
23843 Bad Oldesloe
Tel.: 04531-86000
Fax: 04531-891469
www.wollywood.de

Register

Hinweis: **Halbfett** gedruckte Seitenzahlen beziehen sich auf die Modelle in diesem Buch.

Abkürzungen

abh	abheben
abk	abketten
Abn	Abnahme(n)
abn	abnehmen
anschl	anschlagen
arb	arbeiten
cm	Zentimeter
Fb	Farbe
Fh	Faden hinter die Arbeit legen
fortlfd	fortlaufend
Fv	Faden vor die Arbeit legen
glatt re	glatt rechts (in Runden alle M re str; in Reihen 1 R re M, 1 R li M im Wechsel str)
Hin-R	Hinreihe
J.	Jahre
kraus re	kraus rechts (in Runden 1 Rd re M, 1 Rd li M im Wechsel str; in Reihen jede R re str)
li	links/linke
M	Masche(n)
M-Zahl	Maschenzahl
MR	Markierungsring
MRe	Markierungsring einhängen
MRv	Markierungsring versetzen
Nd	Nadel(n)
Nd-Spiel	Nadelspiel
R	Reihe(n)
Rd	Runde(n)
re	rechts/rechte
Rück-R	Rückreihe
str	stricken
U	Umschlag
übz	überzogen
verschr	verschränkt
wdh	wiederholen
ZM	Zählmuster
ZN	Zopfnadel
zun	zunehmen
zus-str	zusammenstricken

Spezielle Abkürzungen, die bei einzelnen Modellen aus Platzgründen eingeführt wurden, sind bei der jeweiligen Strickanleitung erklärt.